utb 4206

Eine Arbeitsgemeinschaft der Verlage

Brill | Schöningh – Fink · Paderborn
Brill | Vandenhoeck & Ruprecht · Göttingen – Böhlau · Wien · Köln
Verlag Barbara Budrich · Opladen · Toronto
facultas · Wien
Haupt Verlag · Bern
Verlag Julius Klinkhardt · Bad Heilbrunn
Mohr Siebeck · Tübingen
Narr Francke Attempto Verlag – expert verlag · Tübingen
Psychiatrie Verlag · Köln
Ernst Reinhardt Verlag · München
transcript Verlag · Bielefeld
Verlag Eugen Ulmer · Stuttgart
UVK Verlag · München
Waxmann · Münster · New York
wbv Publikation · Bielefeld
Wochenschau Verlag · Frankfurt am Main

Dipl. jur. Tina Hildebrand, B. A., lehrte mehrere Jahre an der Universität Bielefeld und bot Schreibkurse und -beratung für Jura-Studierende an. Jetzt ist sie als Lehrkraft für Deutsch und Jura am Oberstufen-Kolleg Bielefeld tätig.

Tina Hildebrand

Juristischer Gutachtenstil

Ein Lehr- und Arbeitsbuch

4., aktualisierte und erweiterte Auflage

Narr Francke Attempto Verlag · Tübingen

Bibliografische Information der Deutschen Nationalbibliothek
Die Deutsche Nationalbibliothek verzeichnet diese Publikation in der Deutschen Nationalbibliografie; detaillierte bibliografische Daten sind im Internet über http://dnb.dnb.de abrufbar.

DOI: https://doi.org/10.36198/9783838563824

4., aktualisierte und erweiterte Auflage 2024
3., überarbeitete und erweiterte Auflage 2017
2. Auflage 2016
1. Auflage 2014

Dischingerweg 5 · D-72070 Tübingen

Internet: www.narr.de
eMail: info@narr.de

Einbandgestaltung: siegel konzeption | gestaltung
Druck und Bindung: Elanders Waiblingen GmbH

utb-Nr. 4206
ISBN 978-3-8252-6382-9 (Print)
ISBN 978-3-8385-6382-4 (ePDF)
ISBN 978-3-8463-6382-9 (ePub)

MIX
Papier | Fördert gute Waldnutzung
FSC® C016368
www.fsc.org

Inhalt

Vorwort

Dieses Buch richtet sich an alle, die ein juristisches Examen ablegen wollen. ExamenskandidatInnen müssen den Gutachtenstil beherrschen, gleichzeitig wird ihnen kaum Wissen über diesen Stil vermittelt oder die Möglichkeit gegeben, ihn zu trainieren. Es musste also ein Buch her – eines, das Wissen vermittelt und trainiert.

Wenn Sie, angeregt durch das Buch, über das Schreiben nachdenken, werden Sie langsamer, das ist normal. Langfristig ist das Ziel, schneller *und* besser zu werden. Vergleichen Sie Schreiben mit Autofahren: Erst müssen Sie fahren *und* überlegen, bis sich die Fähigkeiten automatisieren. Das Reflektieren über den Gutachtenstil lohnt sich also, Sie schreiben mit weniger Zeitdruck formell und inhaltlich bessere Gutachten.

Der Inhalt dieses Lehrbuches ist durch viele Fragen der Studierenden in den Schreibkursen und der juristischen Schreib-Beratung entstanden, was sich in der Frage-Antwort-Struktur widerspiegelt. Außerdem waren eigene Fehler, die Analyse von Gutachten und viele Gespräche mit Kolleg:innen hilfreich. Vielen Dank dafür an: den Mittagstisch (Kai Zaki, Torsten Breder und Tobias Diedrich), Julia Maier, Denise Freisem, Heike Brandl und das PunktUm-Team, Elke Langelahn, Denis Hedermann und alle anderen, die das Projekt unterstützt haben.

Wenn Ihnen beim Lesen neue Ideen zum Gutachtenstil einfallen, schicken Sie mir eine E-Mail an: tina.hanisch@uni-bielefeld.de.

Kapitel 1: Funktionen des Gutachtenstils

1. Warum schreibe ich Gutachten?
2. Welcher Stil ist angemessen?
3. Welche Funktionen hat ein Gutachten?
4. Warum verwende ich im Gutachten kein Passiv?

Aufgaben

1. Warum schreibe ich Gutachten?

In Ihrem späteren Beruf werden Sie ein Gutachten „denken", um die Fallfrage Ihres Mandanten zu beantworten. Diese Denkmethode hinterfragt erst einmal *jeden* Punkt und legt sich dann auf ein Ergebnis fest. Damit ist das Gutachten das Mittel der Wahl, um sicherzustellen, dass Sie keinen relevanten Punkt übersehen und jeden „Coup" der Gegenseite vorhersehen. Zu Beginn des Studiums zweifeln Sie daher in Ihrem Gutachten Dinge an, die Sie vorher nie angezweifelt hätten.

Beispiel: Ist ein Fahrrad eine Sache?

Das Gutachten ermöglicht diesen Weitblick durch seine neutrale Struktur, indem es das Ergebnis für jeden Punkt mit der Gutachtenmethode herleitet. Der Trick ist, sich selbst beim Denken zu „beobachten". Ihr Blickwinkel bleibt offen und Sie betrachten die Frage neutral aus vielen juristischen Perspektiven. Die Fallfrage beantworten Sie erst mit dem letzten Satz des Gutachtens.

Merke: Gutachtenschreiben ist eine Art, juristisch zu denken. Mit einem sorgfältigen Gutachten zeigen Sie, dass Sie juristisch denken können.

2. Welcher Stil ist angemessen?

Wenn Sie einen Text schreiben, egal ob juristisch oder nicht, ist für den Stil entscheidend, welche Funktion dieser Text haben soll. Wollen Sie begeistern, wählen Sie enthusiastische Ausdrücke, wollen Sie überzeugen, legen Sie Wert auf Objektivität und eine klare Argumentation. Die Funktion eines Textes wirkt sich auf den Stil, den Aufbau und die Wortwahl aus.

Auch juristische Texte – Gesetze, Aufsätze, Kommentierungen usw. – haben bestimmte Funktionen, die sich sogar von Textsorte zu Textsorte unterscheiden können. Ein Lehrbuch ist anders aufgebaut und verwendet andere Formulierungen als ein Gutachten. Daher schließen Sie nicht vom Stil eines Lehrbuchs auf den eines Gutachtens. Erschrecken Sie also nicht vor den manchmal komplizierten Sätzen in einem Lehrbuch. Die Sätze in einem Gutachten sind einfacher strukturiert. Es ist kein schlechter Stil, mehrere Hauptsätze aneinanderzureihen oder Wörter zu wiederholen – im Gegenteil – das ist angenehm für den Korrektor, weil er, wie bei einer Liste, schnell abhaken kann, was Sie alles geprüft haben.

3. Welche Funktionen hat ein Gutachten?

Sie „denken" als Anwältin oder Anwalt ein Gutachten, um dem Mandanten zu geben, was er sich wünscht: Die Beantwortung seiner Frage neutral und ohne unwichtige Exkurse. Daher erfüllt die Sprache im Gutachten vor allem die Funktionen Neutralität und Ökonomie.

Neutralität bedeutet, dass Sie keine wertenden Ausdrücke, wie „offensichtlich" oder „zweifelsohne", verwenden.[1] Außerdem bleiben Sie anonym, indem Sie nicht in der Ich-Form schreiben.

Tipp: Verzichten Sie auf Abtönungswörter wie: *halt*, *eben*, *ruhig*, *bloß*. Diese Wörter enthalten eine Bewertung.

Ökonomie bedeutet, dass Sie so kurz wie möglich, aber so lang wie nötig schreiben, um die Fallfrage zu beantworten. Den Maßstab für die Einschätzung, was nötig ist, liefert die Fallfrage. Alles, was nicht die Fallfrage beantwortet, streichen Sie. „Alles rein!" gilt nicht für ein Gutachten. „Rein" darf nur, was die Fallfrage beantwortet. Überlegen Sie daher genau, ob Sie jeder Satz der Falllösung näher bringt. Erliegen Sie nicht der Versuchung, Wissen abzuladen, das für die Lösung nicht relevant ist. Im Gutachten besteht die Gefahr bei der Definition. Nach manchem spitzfindigen Korrektor ist sogar jedes Wort falsch, das nicht der Lösung dient. Das mag übertrieben sein – oder eine Provokati-

[1] Ebenso: Wieduwilt, JuS, 2010, 288 (289).

on – letztlich heißt es nur, dass Sie keinen Satz schreiben sollten, den Sie keinem Gutachtenschritt zuordnen können.

Merke: Alles, was die Fallfrage beantwortet, muss „rein". Alles darüber hinaus darf nicht „rein".

4. Warum verwende ich im Gutachten kein Passiv?

In anderen wissenschaftlichen Studienfächern wird häufig Passiv als Zeichen der Neutralität verwendet. Das Passiv hat nämlich den Vorteil, dass die handelnde Person nicht genannt wird und der Fokus auf der Sache liegt. Für Juristen ist aber gerade wichtig, wer handelt.

Beispiel Passiv: Es könnte ein Kaufvertrag geschlossen worden sein.

Beispiel Aktiv: V und K könnten einen Kaufvertrag geschlossen haben.

Merke: Vermeiden Sie Passivkonstruktionen.

Aufgaben

Aufgabe 1: Vergleichen Sie die Gutachtenauszüge: Welcher Stil ist angemessen? Entscheiden Sie anhand der Fallfrage im Obersatz, was überflüssig oder unpassend ist und streichen Sie diese Formulierungen.

Auszug I: Fraglich ist, ob das Demonstrationsverbot für die Partei „Ganz Recht" in die Versammlungsfreiheit gem. Art. 8 I GG eingreift. Ein Eingriff ist jede staatliche Maßnahme, die dem Einzelnen das vom Grundrecht geschützte Verhalten erschwert oder unmöglich macht. Durch das Verbot der Demonstration wird der „Ganz Recht"-Partei die geplante Versammlung unmöglich gemacht. Folglich greift das Demonstrationsverbot in die Versammlungsfreiheit ein.

Auszug II: Wahrscheinlich greift das Demonstrationsverbot für die Partei „Ganz Recht" in die Versammlungsfreiheit gem. Art. 8 I GG ein. Ein Eingriff ist ja immerhin jede staatliche Maßnahme, die dem Einzelnen das vom Grundrecht geschützte Verhalten leider erschwert oder unmöglich macht. Dieses Grundrecht ist aufgrund des Demokratieprinzips, nachdem alle Macht vom Volk ausgeht, von höchster Bedeutung. Durch das Verbot der Demonstration wird der „Ganz Recht"-Partei auf jeden Fall die geplante Versammlung unmöglich gemacht. Folglich greift das Demonstrationsverbot natürlich sehr stark in die Versammlungsfreiheit ein.

Aufgabe 2: Korrigieren Sie die Sätze nach Verstößen gegen die Funktionen Neutralität und Ökonomie.

a) A hat sich zweifelsfrei gem. § 212 I StGB wegen Totschlags strafbar gemacht.

b) Im vorliegenden Fall ist hier nun vordergründig zu untersuchen, ob das Zeitungsinserat ein Angebot ist.

c) Es ist eindeutig festzustellen, dass ein Anspruch des A gegen B besteht.

d) Sie hat sich nur wehren wollen.

e) Im Sachverhalt deutet nichts darauf hin, dass A nicht geschäftsfähig ist.

f) Die Vorschrift greift offensichtlich in die Meinungsfreiheit der A ein.

g) Er hat bloß den Arm gehoben, um zu winken, er wollte gar kein Angebot bei der Versteigerung abgeben.

Aufgabe 3: Formulieren Sie von Passiv in Aktiv.

a) Eine körperliche Misshandlung wurde begangen. (Personen: Täter T und Opfer O)

b) Ein Angebot wurde abgegeben. (handelnde Person: K)

c) Eine Verfassungsbeschwerde wurde erhoben. (handelnde Person: M)

Kapitel 2: Syllogistischer Schluss im gutachterlichen Viererschritt

1. Wofür ziehe ich einen syllogistischen Schluss?

Sie stehen vor der Schwierigkeit, konkrete Antworten anhand von abstrakten Gesetzen geben zu müssen. Diese Kluft überwinden Sie mit dem syllogistischen Schluss. Der Syllogismus schließt vom Allgemeinen auf das Besondere. Juristisch heißt dies: vom allgemeinen Gesetz zum besonderen Fall. Der Syllogismus besteht aus drei Schritten: Obersatz, Untersatz und dem logischen Schluss.

> **Beispiel für einen Syllogismus:** Ist Dortmund eine Großstadt?
> Obersatz: Eine Stadt ist eine Großstadt, wenn sie mindestens 100 000 Einwohner hat.
> Untersatz: Dortmund hat über 500 000 Einwohner.
> Logischer Schluss: Dortmund ist also eine Großstadt.

Im Gutachten ziehen Sie für jeden Prüfungspunkt einen syllogistischen Schluss und stellen ihn im gutachterlichen Viererschritt dar. Der Syllogismus ist dreischrittig, das Gutachten vierschrittig.

Tipp: Beachten Sie, dass der syllogistische „Obersatz" nicht mit dem gutachterlichen Obersatz übereinstimmt. Dieser heißt im Gutachten „Definition". Der „Untersatz" ist die gutachterliche Subsumtion.

Syllogismus	Gutachten
—	Obersatz
Obersatz	Definition
Untersatz	Subsumtion
Logischer Schluss	Ergebnis

Im Gutachten stellen Sie eine konkrete Frage im Obersatz. Diese beantworten Sie in der Definition zunächst abstrakt, also ohne den konkreten Fall. Den konkreten Fall beziehen Sie erst in der Subsumtion mit ein und verbinden so den Fall mit der abstrakten Antwort aus der Definiton. Den Obersatz beantworten Sie mit einer Schlussfolgerung im Ergebnis.

Beispiel im gutachterlichen Viererschritt:
Obersatz: Fraglich ist, ob Dortmund eine Großstadt ist.
Definition: Eine Stadt ist eine Großstadt, wenn sie mindestens 100 000 Einwohner hat.
Subsumtion: Dortmund hat über 500 000 Einwohner.
Ergebnis: Dortmund ist eine Großstadt.

Juristisches Beispiel:
Obersatz: T könnte heimtückisch gehandelt haben.
Definition: Heimtückisch handelt, wer die Arg- und Wehrlosigkeit des Opfers ausnutzt.
Subsumtion: T hat sich hinter der Tür so versteckt, dass O ihn nicht wahrnehmen konnte. Somit hat T die Arg- und Wehrlosigkeit des O ausgenutzt.
Ergebnis: T handelte heimtückisch.

2. Was kann beim syllogistischen Schluss schiefgehen?

Der syllogistische Schluss hat zwei Knackpunkte: Definition und Subsumtion. Ist die Definition unvertretbar, ist auch der Schluss unvertretbar. Um die „Vertretbarkeit" der Definitionen zu gewährleisten, gibt es Regeln: die juristischen Auslegungsmethoden (s. Kapitel 12).

Beispiel:
Fraglich ist, ob Micky eine Maus ist.
Eine Maus ist ein Lebewesen, das Käse mag.
Micky mag Käse.
Folglich ist Micky eine Maus.

Die Definition ist unvertretbar, denn nicht nur Mäuse mögen Käse. Daher eignet sich „mag Käse" nicht als Definition. Nach dieser Definition wäre auch jeder Mensch, der Käse mag, eine Maus.

3. Wie baue ich aus den einzelnen Schritten ein Gutachten?

Wichtig ist, dass sich jeder Schritt aus dem vorherigen ergibt. Auf diese Weise machen Sie die Prüfung logisch nachvollziehbar und verdeutlichen dem Leser, warum Sie etwas prüfen. Dazu ein Beispiel aus dem Alltag: Wenn Sie nach Paris fahren, packen Sie erst Ihren Koffer und steigen dann in den Zug, andersherum geht es nicht. Genauso logisch aufgebaut sollte Ihr Gutachten sein, d.h. ein Schritt ergibt sich aus dem vorherigen.

Im Gutachten zeigt sich die logische Struktur dadurch, dass jeder Schritt etwas vom nächsten enthält. Zwischen Definition und Subsumtion einerseits und zwischen Obersatz und Ergebnis andererseits besteht eine größere inhaltliche Übereinstimmung.

Beispiel: Logische Struktur mit Sachverhalt

Obersatz: Fraglich ist, ob I *vorsätzlich* geschlagen hat.

Definition: *Vorsätzlich* handelt, wer willentlich und wissentlich den objektiven Tatbestand erfüllt.

Subsumtion: I wusste, dass er O schlug und wollte dies auch.

Ergebnis: Somit hat I vorsätzlich geschlagen.

Beispiel: Logische Struktur ohne Sachverhalt

Obersatz = Sachverhalt + *Tatbestandsmerkmal*

Definition = *Tatbestandsmerkmal* = abstrakte Erklärung

Subsumtion = Sachverhalt + abstrakte Erklärung

Ergebnis = Sachverhalt + *Tatbestandsmerkmal*

Tipp: Das zu prüfende Merkmal gehört nicht in die Subsumtion.

Diese Struktur eines einzelnen Prüfungspunktes finden Sie auch in der Gesamtstruktur des Gutachtens wieder. Ist im Obersatz nach einer Norm gefragt, können Sie in der Definition die Voraussetzungen der Norm nennen. Die Subsumtion ist die Prüfung aller Voraussetzungen. Der letzte Satz ist der Ergebnissatz für den ersten Obersatz.

Allerdings ist es unüblich, nach dem Norm-Obersatz alle Voraussetzungen zu nennen, zu leicht vergisst man eine. Stattdessen bietet sich ein Obersatz mit dem ersten Tatbestandsmerkmal an.

Beispiel: Gesamtstruktur eines Gutachtens

Obersatz der gesamten Prüfung
A könnte sich wegen Körperverletzung gemäß § 223 I StGB strafbar gemacht haben, indem er B mit der Faust ins Gesicht schlug.

Definition der gesamten Prüfung [Diesen Satz können Sie weglassen.]
Voraussetzung ist, dass A den Tatbestand des § 223 I StGB erfüllt hat sowie rechtswidrig und schuldhaft handelte.

Subsumtion aller Voraussetzungen
I. Tatbestand
1. A könnte B durch den Faustschlag körperlich misshandelt haben.
Eine körperliche Misshandlung ist jede üble, unangemessene Behandlung, die das körperliche Wohlbefinden oder die körperliche Unversehrtheit nicht nur unerheblich beeinträchtigt.
Der Faustschlag ist eine üble, unangemessene Behandlung, die das körperliche Wohlbefinden des B nicht nur unerheblich beeinträchtigt.
Somit hat A den B körperlich misshandelt.
2. Durch den Schlag hat A ebenso die Gesundheit des B geschädigt.
3. A handelte vorsätzlich.
II. Rechtswidrigkeit
Der Schlag des A war rechtswidrig.
III. Schuld
A handelte zudem schuldhaft.

Ergebnis der gesamten Prüfung
Damit hat sich A wegen Körperverletzung gem. § 223 I StGB strafbar gemacht.

4. Was bringen mir die vier Schritte?

Der Vorteil des Viererschritts besteht darin, Ihnen eine Struktur zu geben. Es gibt Regeln dafür, was in jedem Satz stehen soll. Das ist ein sehr großer Unterschied zu anderen Textsorten, bei denen man häufig mit Schreibblockaden zu kämpfen hat. Außerdem ermöglicht Ihnen die feste Reihenfolge, unbekannte Fälle zu lösen.

5. Darf ich die Reihenfolge des Viererschritts unterbrechen?

Sie müssen den Viererschritt sogar unterbrechen. Regelmäßig werden Sie feststellen, dass Sie nach dem ersten Obersatz einen zweiten formulieren, nämlich für das erste Tatbestandsmerkmal. Zudem kann ein Begriff der Definition nicht klar sein. Dann können Sie wählen, ob Sie eine weitere Definition anschließen oder einen neuen Obersatz für den unklaren Begriff formulieren.

Beispiel: T könnte sich wegen eines Diebstahls gem. § 242 I StGB strafbar gemacht haben, indem er im Supermarkt des O einen Rasierapparat in seinen Rucksack steckte. (1. Obersatz)
Dazu müsste er eine fremde, bewegliche Sache weggenommen haben. (2. Obersatz)

Merke: Das Schema Obersatz-Definition-Subsumtion-Ergebnis wird auch unterbrochen.

Checkliste Viererschritt

1. Ist die Gutachtenreihenfolge eingehalten?
2. Ist jeder Satz einem Gutachtenschritt zuzuordnen?
3. Ergibt sich ein Gutachtenschritt aus dem anderen?

Aufgaben

Aufgabe 1: Markieren Sie die inhaltliche Übereinstimmung in den Prüfungsschritten.

Die Erklärung des K müsste die wesentlichen Vertragsbestandteile enthalten.

Wesentliche Vertragsbestandteile sind bei einem Kaufvertrag die Vertragsparteien, die Kaufsache und der Kaufpreis.

Die Erklärung enthält die Vertragsparteien K und V, die Kaufsache, den Mercedes sowie den Kaufpreis in Höhe von 50 000 €.

Somit enthält die Erklärung des K die wesentlichen Vertragsbestandteile.

Aufgabe 2: Markieren Sie die Gesamtstruktur des folgenden Gutachtens, d. h. nur einmal Obersatz, Definition, Subsumtion und Ergebnis.

Fall: T tätschelt die Wange des O, was O unmöglich findet und weshalb er sich fragt, ob T damit nicht eine Körperverletzung begangen hat.

T könnte sich wegen Körperverletzung gemäß § 223 I StGB strafbar gemacht haben, indem er O die Wange tätschelte.
Voraussetzung ist, dass T den Tatbestand des § 223 I StGB rechtswidrig und schuldhaft erfüllt hat.
T könnte O körperlich misshandelt haben.
Eine körperliche Misshandlung ist jede üble, unangemessene Behandlung, die das körperliche Wohlbefinden oder die körperliche Unversehrtheit nicht nur unerheblich beeinträchtigt.
Das Tätscheln der Wange kann eine üble, unangemessene Behandlung sein, die aber das körperliche Wohlbefinden nur unerheblich beeinträchtigt.
Somit hat A den B nicht körperlich misshandelt.
Auch eine Gesundheitsschädigung kommt in diesem Fall nicht in Betracht.
T hat sich somit nicht wegen einer Körperverletzung gemäß § 223 I StGB strafbar gemacht, indem er O die Wange getätschelt hat.

Aufgabe 3: Tragen Sie im Gutachterausschnitt ein, zu welchem Gutachtenschritt jeder Satz gehört. Verwenden Sie die Anfangsbuchstaben O, D, S, E.

Gutachten – BGB AT

V könnte gegen K einen Anspruch aus einem Kaufvertrag gem. § 433 II BGB auf Zahlung des Mustangs in Höhe von 50 000 € haben ☐.

A. Anspruch entstanden

V und K müssten einen Kaufvertrag geschlossen haben ☐. Ein Kaufvertrag wird durch Angebot und Annahme geschlossen ☐.

I. Angebot des V

Ein Angebot liegt möglicherweise in dem Schreiben des V vom 13. 02. 2014 ☐. Ein Angebot ist eine empfangsbedürftige Willenserklärung, die aus Sicht eines objektiven Empfängers einen Rechtsbindungswillen und die wesentlichen Vertragsbestandteile enthält ☐. Die wesentlichen Vertragsbestandteile bei einem Kaufvertrag sind Kaufsache, Kaufpreis und Vertragsparteien ☐. V erklärt in dem Schreiben seinen Willen, K einen Mustang zu verkaufen ☐. Als Kaufpreis gibt er 50 000 € an ☐. Die Erklärung des V enthält außerdem die Vertragsparteien V und K ☐. Folglich enthält die Erklärung die wesentlichen Vertragsbestandteile ☐. Es ist dem Schreiben zu entnehmen, dass sich V rechtsgeschäftlich binden will ☐. Somit ist das Schreiben des V ein Angebot ☐.

1. Abgabe des Angebots
V hat sich dem Schreiben willentlich in Richtung auf den Empfänger entäußert ☐, mithin hat er das Angebot abgegeben ☐.

2. Zugang
Dieses Angebot müsste K zugegangen sein ☐. Unter Abwesenden geht ein Angebot zu, wenn es so in den Machtbereich des Empfängers gelangt, dass dieser unter normalen Umständen die Möglichkeit der Kenntnisnahme hat ☐. K hat am 14. 02. 2014 vom Brief Kenntnis erlangt ☐. Das Angebot des V ist mithin K zugegangen ☐.

II. Annahme durch K
Möglicherweise liegt in dem Schreiben des K an V, welches die Sekretärin S versehentlich abgesendet hatte, eine Annahme ☐. Eine Annahme ist eine empfangsbedürftige Willenserklärung, die dem Inhalt des Angebots vorbehaltlos zustimmt ☐. Das Schreiben stimmt dem Inhalt des Angebots vorbehaltlos zu ☐, mithin ist es eine Annahme ☐.

1. Abgabe der Willenserklärung
K müsste die Willenserklärung abgegeben haben ☐. Dies ist der Fall, wenn der Erklärende subjektiv endgültig und willentlich eine Entäußerung der Erklärung vorgenommen und objektiv seinerseits alles Erforderliche getan hat, damit die Erklärung den Adressaten erreicht ☐. K hat seine Sekretärin A angewiesen, den Brief an V zu schicken und sich der Erklärung also subjektiv endgültig und willentlich entäußert ☐. Es ist nicht erforderlich, dass der Brief den Organisationsbereich des K bereits verlassen hat ☐. Auch die spätere Willensänderung des K nach Abgabe der Willenserklärung ist für die Abgabe selbst unerheblich ☐. Damit hat K das Schreiben abgegeben ☐.

2. Zugang bei V
Die Annahme müsste V zugegangen sein ☐. Der Brief des K ist bei V am Vormittag des 14. 02. 2014 eingegangen und somit derart in den Machtbereich des V gelangt, dass dieser jederzeit die Möglichkeit der Kenntnisnahme hatte ☐. Ein Zugang liegt demnach vor ☐.

Kapitel 3: Obersatz

1. Welche Obersätze gibt es?
2. Welche Informationen gehören in den Obersatz?
3. Welche sprachlichen Möglichkeiten gibt es, einen Obersatz zu formulieren?

3.1. Warum verwende ich Konjunktiv II?

3.2. Welche „Möglichkeitswörter“ verwende ich?

3.3. Kann ich Fragewort *und* Konjunktiv II im Obersatz verwenden?

Aufgaben

1. Welche Obersätze gibt es?

Im Obersatz verdeutlichen Sie, was Sie prüfen. Damit stellen Sie die Weichen für die nächsten Sätze. Mit dem Obersatz können Sie nämlich zwei Fragen stellen: Erfüllt mein Fall eine Norm? Erfüllt mein Fall ein Tatbestandsmerkmal? Es gibt also zwei Arten von Obersätzen. Allerdings wird der Obersatz nicht als Frage formuliert, sondern als Satz mit Punkt.

> **Beispiel Norm:** Fraglich ist, ob T sich wegen Sachbeschädigung gem. § 303 I StGB strafbar gemacht hat, indem er die Luft aus den Fahrradreifen des O abgelassen hat.
>
> **Beispiel Tatbestandsmerkmal:** Das Fahrrad müsste eine Sache sein.

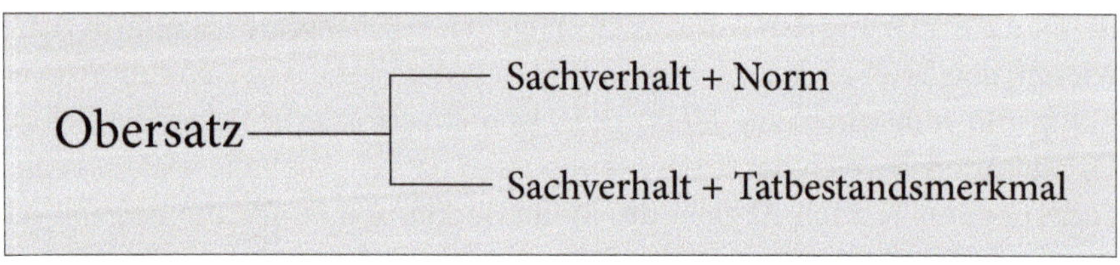

<u>Der Norm-Obersatz:</u>
Der Norm-Obersatz führt eine Norm neu ein. Es gibt ihn in zwei Varianten:

Variante 1: Der erste Satz Ihres Gutachtens. Dieser „erste Obersatz“ fragt, ob der Sachverhalt eine Norm erfüllt (die Norm muss genannt werden). In fast allen Gutachten gibt es mehrere Norm-Obersätze, wenn Sie zum Beispiel mehrere Ansprüche im Zivilrecht oder mehrere Delikte im Strafrecht prüfen. Was in den ersten Obersatz gehört, ist in jedem Rechtsgebiet unterschiedlich und hängt von der Fallfrage ab. Im Zivilrecht werden Sie nach Ansprüchen gefragt. Im Strafrecht werden Sie nach der Strafbarkeit des Täters gefragt und im öffentlichen Recht nach den Erfolgsaussichten eines Verfahrens; zumeist vor dem Bundesverfassungsgericht. Aufgrund dieser Unterschiede werden die ersten Obersätze in den einzelnen Rechtsgebieten in den entsprechenden Kapiteln ausführlich besprochen.[2]

Tipp: Schreiben Sie über den ersten Obersatz als Überschrift: Gutachten

> **Beispiel:** V könnte einen Anspruch gegen K auf Zahlung in Höhe von 500 € gem. § 433 II BGB aus einem Kaufvertrag haben.

Variante 2: Prüfen Sie weitere Normen, brauchen Sie auch innerhalb der Prüfung weitere Norm-Obersätze.

> **Beispiel:** Fraglich ist, ob die Willenserklärung des K aufgrund seines Alters gem. § 105 I BGB nichtig ist.

Achten Sie darauf, beim Norm-Obersatz die Rechtsfolge zu erwähnen, damit machen Sie deutlich, warum diese Rechtsfolge gerade Ihren Fall weiterlöst.

> **Beispiel ohne Rechtsfolge:** T könnte aus Notwehr gem. § 32 I StGB gehandelt haben.

> **Beispiel mit Rechtsfolge:** T könnte durch Notwehr gem. § 32 I StGB gerechtfertigt sein.

<u>Der Tatbestandsmerkmal-Obersatz:</u>
Dieser Obersatz fragt, ob der Sachverhalt unter eine Voraussetzung der Norm (Tatbestandsmerkmal) passt. Das ist der häufigste Obersatz in Ihrem Gutachten und wird in diesem Kapitel ausführlich besprochen.

> **Beispiel:** Zwischen V und K müsste ein Kaufvertrag zustande gekommen sein.

Bei Normen mit wenigen Tatbestandsmerkmalen (3–4) lohnt es sich, den Obersatz mit mehreren Tatbestandsmerkmalen zu füllen.

> **Beispiel: Wer eine fremde Sache zerstört oder beschädigt, begeht eine Sachbeschädigung gem. § 303 I StGB.**

---

2 Strafrecht, Kapitel 15, 97 ff.; Zivilrecht, Kapitel 16, 105 ff.; Öffentliches Recht, Kapitel 17, 115 f.

Zunächst braucht es eine fremde Sache. Regelmäßig wird erst das Substantiv geprüft, dann das Adjektiv. Als nächstes prüfen Sie, ob die Sache zerstört ist, denn dann ist sie auf jeden Fall beschädigt.
Daraus ergibt sich die Prüfungsreihenfolge: Sache (1), fremd (2), zerstören (3), beschädigen (4).

Diese Vorgehensweise erhöht die Nachvollziehbarkeit Ihres Gutachtens, weil Sie die folgenden Schritte ankündigen. Sie können frei wählen, ob Sie diesen Obersatz formulieren oder nicht, dafür gibt es kein richtig oder falsch.

Beispiel für mehrere Tatbestandsmerkmale: T müsste eine fremde Sache beschädigt oder zerstört haben.

Dieser Obersatz verdeutlicht dem Leser die Prüfungsreihenfolge „Sache – fremd – zerstören – beschädigen". Genauso können Sie direkt mit dem Obersatz für das erste Tatbestandsmerkmal beginnen.

Beispiel erstes Tatbestandsmerkmal: Das Fahrrad müsste eine Sache sein.

2. Welche Informationen gehören in den Obersatz?

Beziehen Sie sich im Obersatz auf den Sachverhalt. Manchmal reicht es, die handelnde Person zu nennen, manchmal muss mehr Information gegeben werden, das hängt vom Tatbestandsmerkmal, der Norm und Ihrem Fall ab. Es muss deutlich werden, worauf Sie sich beziehen.

„falsches" Beispiel ohne Sachverhalt: Der Antrag ist begründet, wenn die Norm formell oder materiell verfassungswidrig ist.
„richtiges" Beispiel mit Sachverhalt: Der Antrag *der Landesregierung C* ist begründet, wenn *die Grundmandatsklausel gem. § 6 III 1 2. Alt. BWahlG* formell oder materiell verfassungswidrig ist.

Merke: Ein Obersatz hat Bezug zum Sachverhalt.

Das Einbeziehen des Sachverhalts hat den Vorteil, dass der Leser bzw. Korrektor nachvollziehen kann, *warum* Sie etwas prüfen. Ihr Gutachten wird verständlich, fallbezogen und damit formal und gleichzeitig inhaltlich richtig.

Durch den Sachverhaltsbezug vermeiden Sie auch, Normen zu prüfen, die nicht relevant sind. Wenn Sie keinen Obersatz mit Sachverhaltsbezug bilden können, brauchen Sie den Punkt in den meisten Fällen nicht zu prüfen. Seien Sie ökonomisch und verzichten Sie auf Sätze wie:

„falsches" Beispiel: Vertragliche Ansprüche zwischen Kind und Eltern kommen mangels Anhaltspunkten nicht in Betracht.

3. Welche sprachlichen Möglichkeiten gibt es, einen Obersatz zu formulieren?

Sie haben drei sprachliche Möglichkeiten, einen Obersatz zu formulieren:

→ „Möglichkeitswort" (fraglich, möglicherweise ...)
Fraglich ist, ob das Fahrrad eine Sache ist.

→ Konjunktiv II (könnte, müsste)
Das Fahrrad könnte eine Sache sein.

→ Nennen der Voraussetzung + Sachverhalt
Das Fahrrad des O ist eine Sache, wenn es ein körperlicher Gegenstand gem. §90 BGB ist.

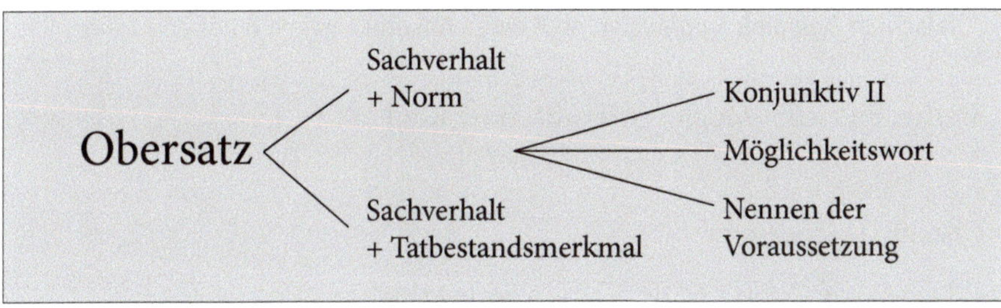

Merke: Es gibt drei sprachliche Möglichkeiten und zwei inhaltliche, einen Obersatz zu formulieren.

3.1 Warum verwende ich Konjunktiv II?

Der Konjunktiv II hat drei Bedeutungen, von denen Sie eine für den Obersatz brauchen.

→ Das Irreale (Wenn ich reich *wäre*, *würde* ich nur Schokolade essen.)
→ Das Höfliche (Ich *hätte* gern eine Pizza, bitte.)
→ Das Mögliche (Es *könnte* regnen.)

Mit der Möglichkeits-Bedeutung stellen Sie im Obersatz eine neutrale Frage, bei der beide Antworten – Ja und Nein – gleich möglich sind.

Tipp: Sie können Ihre Formulierungen variieren, indem Sie Konjunktiv II und ein Adverb verwenden. Für das erste Tatbestandsmerkmal „Zunächst müsste ...“, für das letzte „Schließlich müsste ...“. Dazwischen eignen sich: *ferner*, *des Weiteren*, *darüber hinaus*, *zudem*, *auch*, *überdies*, *außerdem*.

3.2 Welche „Möglichkeitswörter“ verwende ich?

Um abwechslungsreicher zu formulieren, können Sie alternativ zum Konjunktiv II Wörter wählen, die eine 50/50-Möglichkeit beinhalten, wie: *fraglich, möglicherweise.*

3.3 Kann ich Fragewort *und* Konjunktiv II im Obersatz verwenden?

Sie können nicht beide im Obersatz verwenden, denn beide bedeuten „vielleicht“, Sie brauchen diese Information nur einmal.

„falsches“ Beispiel: *Fraglich* ist, ob A einen Anspruch gegen B haben *könnte*.

Merke: Entweder Möglichkeitswort oder Konjunktiv II.

Checkliste Obersätze

1. Haben alle Obersätze Bezug zum Sachverhalt?
2. Enthalten alle „ersten Obersätze“ eine Norm?
3. Sind alle Obersätze sprachlich richtig?

Aufgaben

Aufgabe 1: Welche der Wörter beinhalten eine 50/50-Möglichkeit? Kreuzen Sie an.

- Eventuell ☐
- Vermutlich ☐
- Möglicherweise ☐

Vielleicht ☐
Wahrscheinlich ☐

Aufgabe 2: Eins der Wörter beinhaltet zwar eine 50/50-Möglichkeit, ist allerdings für ein Gutachten zu umgangssprachlich. Welches ist es?

____

Aufgabe 3: Korrigieren Sie diese Obersätze auf grammatische Richtigkeit:

a) In Betracht käme eine Strafbarkeit des T wegen Totschlags gem. § 212 I StGB.

b) V könnte gegen K einen Anspruch auf Zahlung des vereinbarten Kaufpreises gem. § 433 II BGB haben. Voraussetzung dafür wäre, dass V und K einen wirksamen Kaufvertrag geschlossen hätten.

c) Die Klage hätte Erfolg, wenn sie zulässig und begründet wäre.

d) Eine Anfechtungsklage gem. § 42 I 1. Alt. VwGO könnte für D ein mögliches Mittel sein, um gegen den Verwaltungsakt vorzugehen.

e) Möglicherweise könnte die X-GmbH durch das Gesetz in ihrem Grundrecht aus Art. 12 I GG verletzt sein.

f) V könnte gegen K einen Anspruch auf Zahlung des vereinbarten Kaufpreises aus § 433 II BGB haben, wenn zwischen ihnen ein Kaufvertag zustande gekommen wäre.

Aufgabe 4: Fügen Sie einen Haken (┌) ein, wo der Obersatz Infomationen aus dem Sachverhalt braucht, um verständlich zu sein.

a) Die Antragsbefugnis ┌ müsste vorliegen.

b) Der Täter müsste vorsätzlich gehandelt haben.

c) Weiterhin bedarf es eines Eingriffs in den Schutzbereich.

d) Der objektive Tatbestand müsste erfüllt sein.

e) Es müsste eine Übereignung stattgefunden haben.

f) Der Täter müsste die Gesundheit einer anderen Person geschädigt haben.

Kapitel 4: Definition

1. Warum definiere ich?

Die Definition ermöglicht die Anwendung des Gesetzes auf den Fall. Sie ist ein abstrakter Maßstab, mit dem Sie Ihren Fall nicht nach „Gefühl" lösen, das macht Ihr Gutachten überzeugend. Damit der Maßstab abstrakt bleibt, darf der Sachverhalt nicht vorkommen. Die Definition ist allerdings der einzige Gutachtenschritt ohne Sachverhalt. In Ihrer Hausarbeit geben Sie deswegen nur für die Definitionen Quellen und Fußnoten an.

Merke: Definition ≠ Sachverhalt

2. Was definiere ich?

Grundsätzlich werden alle unklaren Begriffe im Gesetz durch eine Definition „anwendbar" gemacht. Was Sie definieren, richtet sich nach der Frage im Obersatz. Bei einem Tatbestandsmerkmal-Obersatz erklären Sie das Merkmal in der Definition. Bei einem Norm-Obersatz können Sie in der Definition die Voraussetzungen der Norm nennen. Diese Voraussetzungen sind die „Definition“ der Norm. Es ist aber unüblich, diese Definition im Gutachten zu formulieren.

Beispiel Tatbestandsmerkmal: Eine Sache ist gemäß § 90 BGB ein körperlicher Gegenstand.

Beispiel Norm: Eine Sachbeschädigung liegt vor, wenn der Täter eine fremde Sache vorsätzlich, rechtswidrig und schuldhaft beschädigt oder zerstört hat.

Obersatz fragt nach Tatbestandsmerkmal ⟶	Definition erklärt Tatbestandsmerkmal
Obersatz fragt nach Norm ⟶	Definition kann die Tatbestandsmerkmale der Norm aufzählen

3. Wer entwickelt die Definitionen?

Zum einen entwickelt die Rechtsprechung Definitionen, zum anderen die Lehre, z. B. Jura-ProfessorInnen in Kommentaren, Lehrbüchern und Aufsätzen. Auch der Gesetzgeber entwickelt Definitionen. Diese *Legaldefinitionen* gibt es in zwei Varianten, in ganzen Sätzen und als Klammerdefinition.

Beispiel: § 90 BGB
Sachen im Sinne des Gesetzes sind nur körperliche Gegenstände.

Beispiel: § 184 BGB
(1) Die nachträgliche Zustimmung (Genehmigung) wirkt ...

4. Wie entwickle ich eine Definition?

Sie können selbst Definitionen entwickeln und zwar durch Auslegung. Niemand kann und muss alle Definitionen auswendig kennen. Wenn Sie eine Norm zum ersten Mal in einer Klausur prüfen, brauchen Sie die Auslegungsmethoden. Daher ist es wichtig, diese Methoden im Studium zu erlernen (s. Kapitel 11). Die Definition formulieren Sie stets im Präsens, weil es sich um eine Erklärung handelt, die gegenwärtig Geltung hat.

5. Wo finde ich Definitionen?

Die Definitionen finden Sie zum Beispiel in Lehrbüchern und Skripten, unabhängig davon, wer sie entwickelt hat. Lehrbücher geben einen Gesamtüberblick, Kurzlehrbücher und Skripte haben den Vorteil, dass sie eine Vorauswahl prüfungsrelevanter Informationen treffen. Das kann Ihnen helfen, wenn Sie beim Lesen nicht entscheiden können, welche Information in ein Gutachten gehört, also prüfungsrelevant ist, und welche nicht.

Merke: Skripte dürfen Sie in einer Hausarbeit nicht zitieren.

6. Viele Definitionen – welche soll ich wählen?

Es gibt Definitionen, die inhaltlich identisch, aber sprachlich unterschiedlich kompliziert sind. Wählen Sie eine sprachlich einfache Definition, diese können Sie meist leichter subsumieren.

Das gilt auch für Hausarbeiten, in denen Sie aus unterschiedlichen Definitionen wählen können.

Beispiel 1: Eine Gesundheitsschädigung ist jedes Hervorrufen oder Steigern eines vom normalen Zustand der körperlichen Funktionen nachteilig abweichenden Zustandes, gleichgültig auf welche Art er verursacht wird.

Beispiel 2: Eine Gesundheitsschädigung liegt vor, wenn ein krankhafter Zustand hervorgerufen oder gesteigert wird.

7. Kann ich mehrere Definitionen hintereinander schreiben?

Sie schließen eine weitere Definition an, wenn Sie mehr Informationen brauchen, um Ihren Fall zu subsumieren. Maßstab ist also der Fall. Zwischen der ersten und zweiten Definition subsumieren Sie nicht.

Beispiel: T tötet O im Schlaf. Hat er heimtückisch gehandelt?
Heimtückisch handelt, wer die Arg- und Wehrlosigkeit des Opfers in feindlicher Willensrichtung ausnutzt. (Definition 1)

Ob die schlafende O arglos ist, ist nicht auf den ersten Blick zu entscheiden. Daher brauchen Sie diese zweite Definition:

Arglos ist, wer sich im Zeitpunkt der Tat keines Angriffs versieht. (Definition 2)

Jetzt ist es leichter zu entscheiden, ob O arglos war.

Im Schlaf versah sich O keines Angriffs. Somit war sie arglos.

Definieren Sie nicht zwei unterschiedliche Tatbestandsmerkmale direkt hintereinander, denn dann funktioniert der syllogistische Schluss nicht richtig. Achten Sie darauf, sauber zwischen den Merkmalen zu trennen und jede Definition zu subsumieren sowie ein Ergebnis festzustellen.

„falsches" Beispiel:
Das Fahrrad müsste eine fremde Sache sein.
Eine Sache ist ein körperlicher Gegenstand gem. § 90 BGB. Eine Sache ist fremd, wenn sie nicht im Alleineigentum des Täters steht und nicht herrenlos ist.
Das Fahrrad ist ein körperlicher Gegenstand gem. § 90 BGB, das im Alleineigentum des O steht. Mithin ist es für A eine fremde Sache.

„richtiges" Beispiel:
Das Fahrrad müsste eine fremde Sache sein.
Eine Sache ist ein körperlicher Gegenstand gem. § 90 BGB. Das Fahrrad ist ein körperlicher Gegenstand und mithin eine Sache.
Eine Sache ist fremd, wenn sie nicht im Alleineigentum des Täters steht und nicht herrenlos ist. Das Fahrrad steht im Alleineigentum des O und ist daher auch fremd.

Merke: Vermischen Sie nicht die Prüfung zweier Tatbestandsmerkmale.

8. Zähle ich Alternativen auf, die nichts mit dem Fall zu tun haben?

Manche Definitionen enthalten alternative Prüfungsmerkmale, was ein „oder" verdeutlicht. Dann muss nur eins dieser Merkmale erfüllt sein, es können aber auch beide erfüllt sein.

Beispiel: Eine Gesundheitsschädigung ist das Hervorrufen oder Steigern eines krankhaften Zustands.

Enthält die Definition ein „und", müssen beide Merkmale vorliegen.

Beispiel: Eine Klage hat Erfolg, wenn sie zulässig und begründet ist.

Die Definition ist abstrakt, daher sollten Sie keine Vorauswahl treffen, indem Sie den Teil, der nichts mit Ihrem Fall zu tun hat, weglassen. Das wäre eine vorgezogene Subsumtion. Erst in der Subsumtion entscheiden Sie, welche Alternative für Ihren Fall relevant ist.

9. Wie ausführlich muss eine Definition sein?

Natürlich gibt es auf diese Frage keine allgemeingültige Antwort. Es muss alles gesagt werden, was Sie für die Falllösung brauchen, nicht mehr und nicht weniger.[3] Da Sie in der Definition Ihr Wissen wiedergeben, ist die Verlockung groß, hier alles abzuladen, was Sie zum Thema wissen, zum Beispiel indem Sie erklären, mit welcher Auslegungsmethode die Definition entwickelt wurde. Wählen Sie aus, was der Fall-Lösung dient. Dies klingt nur wie ein Widerspruch zu dem, dass Definitionen vollständig wiedergegeben werden müssen: Wenn Sie sich entscheiden, eine Definition zu bringen, dann vollständig.

Beispiel für zu lange Definition: S wird verboten, ihre Ansichten über einen Politiker zu äußern.
Die Äußerung könnte vom Schutzbereich der Meinungsfreiheit gem. Art. 5 I GG erfasst sein. Geschützt ist die positive und negative Meinungsfreiheit. Die positive Meinungsfreiheit schützt das Recht zur Äußerung und Verbreitung von eigenen Werturteilen bzw. Stellungnahmen durch Wort, Schrift und Bild. Durch die Bildung von Werturteilen und Stellungnahmen wird es dem Bürger ermöglicht seine Haltung z. B. zu bestimmten Ereignissen zu offenbaren oder darzustellen. Die negative Meinungsfreiheit garantiert, sich nicht äußern zu müssen oder sich einer Verbreitung der eigenen oder fremden Ansicht zu entziehen.

10. Schreibe ich dieselbe Definition mehrmals?

Prüfen Sie ein Tatbestandsmerkmal mehrmals, brauchen Sie die Definition nur einmal zu formulieren. Ein Verweis nach oben ist unüblich, denn es gibt keinen Satz, bei dem Sie ihn richtigerweise anbringen können, nicht beim Obersatz, nicht bei der Subsumtion. Beide beziehen sich auf andere Sachverhaltsinformationen.

---

[3] Ebenso: Valerius, Einführung in den Gutachtenstil, 13.

11. Ist der Unterschied zwischen Obersatz und Definition immer klar?

Manchmal passiert es beim Schreiben eines Gutachtens, dass Obersatz und Definition nicht klar getrennt werden. Und zwar, wenn in der Definition der Sachverhalt genannt wird. Eine Definition ist immer abstrakt, ohne Fallbezug. Empfehlenswert ist es, sauber zwischen Obersatz und Definition zu trennen.

Beispiel Definition: Heimtückisch handelt, wer die Arg- und Wehrlosigkeit des Opfers ausnutzt.

Beispiel Obersatz: T hat heimtückisch gehandelt, wenn er die Arg- und Wehrlosigkeit des O ausgenutzt hat.

Checkliste Definition

1. Enthält keine Definition Sachverhaltsinformationen?
2. Enthält keine Definition Exkurse, die nicht das im Obersatz Gefragte beantworten?

Aufgaben

Aufgabe 1: Definieren Sie die Begriffe mithilfe der Angaben und verwenden Sie dabei die vorgegebenen Redemittel.

a) **Täter** (§ 25 I StGB, selbst, durch einen anderen, begehen)
Redemittel: gem. § 25 I StGB

Gem. 25 I StGB ist Täter, wer die Straftat selbst oder durch einen anderen begeht

b) **Eventualvorsatz** (Erfolgseintritt für möglich halten, sich damit abfinden)
Redemittel: liegt vor, wenn

c) **Angriff** (§ 32 II StGB) (menschliches Verhalten, Verletzung rechtlich geschützter Interessen, drohen)
Redemittel: ist gegeben, wenn

Aufgabe 2: Im folgenden Gutachten hat der Bearbeiter nicht sauber zwischen den Tatbestandsmerkmalen getrennt. Markieren Sie die Prüfung jedes Tatbestandmerkmals.

> Fraglich ist, ob T eine Täuschung i.S.d. § 123 I 1. Alt. BGB begangen hat. Dem Wortlaut des § 123 I 1. Alt. BGB ist eine Widerrechtlichkeit der Täuschung nicht zu entnehmen. Diese ist jedoch als ein ungeschriebenes Tatbestandsmerkmal des § 123 I 1. Alt. BGB inzident anzunehmen.
> Eine Täuschung liegt vor, wenn der Täter Tatsachen vorspiegelt, entstellt oder verschweigt und dadurch beim Opfer eine Fehlvorstellung, einen Irrtum, erregt, bestärkt oder aufrechterhält.
> T hat vor dem Arbeitsvertragsschluss die Tatsache des eingeleiteten Ermittlungsverfahrens gegen ihn verschwiegen und somit eine Fehlvorstellung, einen Irrtum bei B erregt.
> T hat getäuscht.

Aufgabe 3: Streichen Sie jeden Satz, der in der Definition weggelassen werden kann.

a) Ist Polizist ein Beruf?
Fraglich ist, ob Polizist ein Beruf im Sinne des Art. 12 I GG ist.
Die Berufsfreiheit schützt als ein einheitliches Grundrecht die Berufsausübung sowie die Berufswahl. Der Beruf wird als eine auf gewisse Dauer angelegte, der Schaffung und Erhaltung einer Lebensgrundlage dienende Tätigkeit definiert. Darunter fallen keine einmaligen Ausführungen oder solche Tätigkeiten, die nur aus reiner Vorliebe ausgeübt werden.
Die Tätigkeit als Polizist ist eine auf gewisse Dauer angelegte und dient der Schaffung und Erhaltung einer Lebensgrundlage. Folglich ist Polizist ein Beruf i.S.d Art. 12 I GG.

b) Ist die Erklärung des K ein Angebot?
Fraglich ist, ob K mit der Erklärung, er nehme das Klavier für 1500 €, ein Angebot abgegeben hat.
Ein Angebot ist eine Willenserklärung, die aus der Sicht eines objektiven Empfängers einen Rechtsbindungswillen und die wesentlichen Vertragsbestandteile enthält. Diese sind bei einem Kaufvertrag die Kaufsache, der Kaufpreis und die Vertragsparteien. Eine Erklärung muss die wesentlichen Vertragsbestandteile

enthalten, damit beiden Parteien der Vertragsinhalt bekannt ist. Die Erklärung enthält den Kaufpreis, 1500 €, die Parteien K und V und die Kaufsache, das Klavier. Die Erklärung des K enthält die wesentlichen Vertragsbestandteile. Allerdings hat K lange gezögert, diese Erklärung abzugeben, sie enthält aber trotzdem einen Rechtsbindungswillen. Die Erklärung des K ist ein Angebot.

c) Ist das Bundesverfassungsgericht zuständig?
Fraglich ist, ob das Bundesverfassungsgericht zuständig ist. Das Bundesverfassungsgericht ist gem. Art. 93 I Nr. 2 GG für abstrakte Normenkontrollen zuständig. Außerdem ist es für Verfassungsbeschwerden und Organstreitverfahren zuständig. Das Bundesverfassungsgericht ist allerdings keine Superrevisionsinstanz. L möchte, dass die Fünfprozent-Hürde gem. §6 III 1 1. Alt. BWahlG kontrolliert wird. Für diese abstrakte Normenkontrolle ist somit das Bundesverfassungsgericht zuständig.

Aufgabe 4: Definition oder Obersatz? Kreuzen Sie an.

	Gutachtenschritt	**O**	**D**
a)	A hat einen Anspruch gegen B auf Kaufpreiszahlung gem. §433 II BGB, wenn sie einen Kaufvertrag geschlossen haben.		
b)	§433 I BGB setzt einen Kaufvertrag voraus.		
c)	Ein Angebot liegt vor, wenn eine Willenserklärung mit Rechtsbindungswillen abgegeben wurde, die die wesentlichen Vertragsbestandteile enthält.		
d)	Ein Angebot des K liegt vor, wenn er eine Willenserklärung mit Rechtsbindungswillen abgegeben hat, die die wesentlichen Vertragsbestandteile enthält.		

Kapitel 5: Subsumtion

1. Was ist Subsumieren?

In der Subsumtion wenden Sie Ihr Wissen aus der Definition auf den Fall an. Wie bei einem Puzzle bringen Sie die abstrakten Schlüsselbegriffe der Definition mit Ihrem konkreten Fall zusammen.

Beispiel: T schlägt O ins Gesicht, was zu einer blutenden Wunde führt. Ist das eine körperliche Misshandlung?

Sachverhalts-Puzzleteil	Abstraktes Puzzleteil
Schlag ins Gesicht	Üble, unangemessene Behandlung
Blutende Wunde	Nicht nur unerhebliche Beeinträchtigung des körperlichen Wohlbefindens

Der Schlag ins Gesicht ist eine üble, unangemessene Behandlung, die zu einer blutenden Wunde führte und mithin das körperliche Wohlbefinden des O nicht nur unerheblich beeinträchtigt hat.
Somit hat T den O körperlich misshandelt.

Merke: Abstrakte Definition + konkreter Sachverhalt = Subsumtion

2. Wie formuliere ich eine Subsumtion?

Beim Subsumieren beginnen Sie mit dem Sachverhalts-Puzzleteil und verbinden dies dann mit dem abstrakten Puzzleteil.

Beispiel: B springt mit erbeuteten Früchten vom Kirschbaum des N. Ist das ein Angriff gem. §32 II StGB? Ein Angriff ist eine Bedrohung rechtlich geschützter Interessen durch menschliches Verhalten.

Sachverhalts-Puzzleteil	Abstraktes Puzzleteil
Eigentum und Besitz an den Kirschen (1)	rechtlich geschützte Interessen (2)
K pflückt die Kirschen und flieht mit diesen (3)	Bedrohung durch menschliches Verhalten (4)

Formulierungsvorschlag: Das Eigentum und der Besitz an den Kirschen sind rechtlich geschützte Interessen. K pflückt die Kirschen und flieht mit diesen, somit werden diese durch menschliches Verhalten bedroht.

Ein Trick, der Langeweile durch das Wiederholen der Definition zu entgehen, ist, die Wortart zu ändern, zumeist von Substantiv zu Verb. Sie können die *üble, unangemessene Behandlung* aus der Definition in der Subsumtion umformulieren in: Durch den Faustschlag ins Gesicht hat T den O *übel und unangemessen* behandelt.

Weitere Beispiele:

Substantiv	Verb
Rechtsbindungswille	A wollte sich rechtlich binden.
Angebot	A bietet an.
Gesundheitsschädigung	T schädigt die Gesundheit des O.

Für die Subsumtion eignen sich die gleichen schlussfolgernden Adverbien wie für das Ergebnis: *somit, damit* etc. Gerade bei langen Subsumtionen sind sie hilfreich.

Beispiel: A hat die Erklärung mit Rechtsbindungswillen abgegeben. Außerdem enthält sie die Vertragsparteien, A und B, die Kaufsache, das Klavier, und den Kaufpreis von 4000 €, *mithin* die wesentlichen Vertragsbestandteile.

In der Subsumtion verwenden Sie den bestimmten Artikel, wenn Sie sich auf den Fall beziehen, da es um einen bestimmten Gegenstand und nicht um irgendeinen geht.

„falsches“ Beispiel: Ein Fahrrad ist ein körperlicher Gegenstand.

„richtiges“ Beispiel: Das Fahrrad des O ist ein körperlicher Gegenstand.

In studentischen Gutachten wird häufig in der Subsumtion das Wort „hier“ verwendet. „Hier“ verweist auf den konkreten Sachverhalt. Vermeiden Sie übermäßigen Gebrauch, eine häufige Randbemerkung von Korrektoren ist: „Wo sonst?“ Geeigneter ist: „in diesem Fall“.

3. Wie subsumiere ich „sauber“?

Achten Sie darauf, die Definition wortwörtlich zu wiederholen, denn sie ist der Maßstab, der nicht verändert werden darf. Ersetzen Sie nicht „körperliches Wohlbefinden“ durch „physisches Wohlergehen“, auch wenn das Wiederholen anstrengend oder langweilig ist.

Bringen Sie keine neuen Maßstäbe, also neue abstrakte Begriffe, in der Subsumtion ein, die Sie in der Definition nicht erwähnt haben. Formulieren Sie dann lieber eine neue Definition.

Sortieren Sie die Informationen aus dem Sachverhalt so, dass alles zu der abstrakten Definition passt. Jede passende Information gehört in Ihr Gutachten.

Diese Informationen können Sie sogar wortwörtlich aus dem Sachverhalt übernehmen.[4]

Merke: Verwenden Sie die abstrakten Begriffe aus der Definition wortwörtlich in der Subsumtion und keine neuen abstrakten Begriffe.

4. Wie lang ist eine Subsumtion?

Achten Sie auf das Verhältnis zwischen Definition und Subsumtion. In der Subsumtion wenden Sie die Definition auf den Fall an. Dann kann es – im Normalfall – nicht richtig sein, wenn die Definition länger als die Subsumtion ist.

[4] Ebenso: Valerius, Einführung in den Gutachtenstil, 14.

5. Wie subsumiere ich eine Definition, die Alternativen enthält?

Achten Sie bei Alternativen in der Definition darauf, diese in der Subsumtion genau zuzuordnen. Es kann sein, dass die Alternativen sich gegenseitig ausschließen oder dass beide erfüllt sind.

Beispiel: T schlägt O ins Gesicht, was zu einer blutenden Wunde führt.
Hat T die Gesundheit des O geschädigt?
Eine Gesundheitsschädigung ist jedes Hervorrufen oder Steigern eines krankhaften Zustandes.
Durch den Schlag hat T eine blutende Wunde, also einen krankhaften Zustand, *hervorgerufen*.

6. Welche Definition subsumiere ich zuerst?

Wenn Sie zwei Definitionen hintereinander formulieren, dann subsumieren Sie meistens erst die zweite.

Beispiel

Wegnahme ist der Bruch fremden und die Begründung neuen Gewahrsams. (Definition 1)

Gewahrsam ist die von einem natürlichen Herrschaftswillen getragene Sachherrschaft über eine Sache. (Definition 2)

Der Eigentümer des Elektroladens hatte Sachherrschaft über die Rasierer, die von einem natürlichen Herrschaftswillen getragen wurde. (Subsumtion von Definition 2)
Somit hatte O Gewahrsam.

Indem T den Rasierer in die Tasche gesteckt hat, hat er den Gewahrsam des O gebrochen und neuen Gewahrsam begründet. (Subsumtion von Definition 1).
Somit hat T den Rasierer weggenommen.

7. Wie argumentiere ich in der Subsumtion?

Manchmal passen die Puzzleteile nur schlecht zueinander, dann müssen Sie argumentieren. Das ist schwierig, wird aber mit Punkten honoriert. Letztlich müssen Sie das abstrakte Puzzleteil so zerkleinern, bis es mit dem Fall zusammenpasst oder Sie stellen fest, dass es nicht erfüllt ist. Den Sachverhalt lesen Sie genau nach Hinweisen für Ihre Argumentation.

Denken Sie an die Trierer Weinversteigerung: A winkt auf einer Auktion seinem Freund B zu und erhält dafür den Zuschlag für Wein im Wert von 2000 €.

Nach der objektiven Theorie, die sich auf § 157 BGB stützt, ist auf das äußere Verhalten abzustellen. Die Lösung daher einfach: Von außen sieht es so aus, als gäbe A ein Gebot im Rahmen der Auktion ab.

Füttert man den Fall mit mehr Sachverhaltsinformation, wird es schwieriger. Dann ist eine aufwendigere Subsumtion nötig.

Erweiterung: Bei dieser Auktion werden Karten hochgehalten, A hebt lediglich die Hand und dreht sich außerdem zum Winken in eine andere Richtung. Die Auktion wurde von 35 Personen besucht. Es wurden viele Gebote abgegeben.

Jetzt lässt sich mehr im Rahmen der Subsumtion argumentieren:

Einerseits ließ das Winken des A auf ein Gebot im Rahmen der Auktion schließen. Andererseits hätte der Auktionator sehen können, dass A keine Karte hochgehalten hat, vor allem in Anbetracht der Tatsache, dass lediglich 35 Personen anwesend waren. Außerdem hat A nicht in die Richtung des Auktionators gewunken. Diese Tatsache ist allerdings vernachlässigbar. Gerade bei der Häufigkeit der Gebote bei dieser Auktion kann man nicht von einem Auktionator erwarten, dass er die Richtung prüft.

Wie Sie sich letztlich entscheiden, ist Ihnen überlassen. Hauptsache ist, Sie verwenden die Informationen aus dem Sachverhalt.

Checkliste Subsumtion

1. Tauchen die Schlüsselbegriffe aus der Definition wortwörtlich wieder auf?
2. Werden keine neuen abstrakten Aspekte subsumiert, die in der Definition nicht auftauchen?
3. Passt die Sachverhaltsinformation zu den Schlüsselbegriffen?

Aufgaben

Aufgabe 1: Markieren Sie die Schlüsselbegriffe aus der Definition, die in der Subsumtion wieder auftauchen.

Ein Angebot könnte in der Erklärung des A liegen, das Klavier des B für 4000 € kaufen zu wollen.
Ein Angebot ist eine Willenserklärung, die aus der Sicht eines objektiven Empfängers mit Rechtsbindungswillen abgegeben wurde und die wesentlichen Ver-

tragsbestandteile enthält. Bei einem Kaufvertrag sind dies die Vertragsparteien, die Kaufsache und der Kaufpreis.
Die Erklärung des A enthält einen Rechtsbindungswillen. Außerdem enthält sie die Vertragsparteien, A und B, die Kaufsache, das Klavier, und den Kaufpreis von 4000 €, mithin die wesentlichen Vertragsbestandteile.
Mit der Erklärung des A liegt somit ein Angebot vor.

Aufgabe 2: Korrigieren Sie die Subsumtionen anhand der Checkliste.

a) Fraglich ist, ob T vorsätzlich gehandelt hat.
Vorsätzlich handelt, wer wissentlich und willentlich den objektiven Tatbestand verwirklicht.
O ist die Straße heruntergeschlendert, um sich Schaufenster anzuschauen. Als T den O sah, fiel T ein, dass O ihn einmal beleidigt hatte. Daher schlug T den O eigenverantwortlich.
Also handelte T vorsätzlich.

b) V könnte dem K ein Angebot gemacht haben, indem er den Füller in einer Zeitung inseriert hat. Ein Angebot ist eine empfangsbedürftige Willenserklärung, die aus Sicht eines objektiven Empfängers einen Rechtsbindungswillen und die wesentlichen Vertragsbestandteile enthält. Die Zeitungsanzeige wurde dem K nicht derart angetragen, dass dieser nur noch zustimmen muss. Sie enthält keinen Kaufpreis und keinen Rechtsbindungswillen. Somit ist das Inserat kein Angebot.

Aufgabe 3: Formulieren Sie die fehlenden Subsumtionen und entscheiden Sie sich für ein Ergebnis.

A lässt aus den Fahrradreifen des B die Luft ab. An dem Fahrrad befindet sich eine Luftpumpe. Ist das eine Sachbeschädigung?
A könnte sich wegen einer Sachbeschädigung gem. § 303 I StGB strafbar gemacht haben, indem er aus den Fahrradreifen des B die Luft abgelassen hat.

Tatbestandsmerkmal 1 „Sache“
Das Fahrrad müsste eine Sache sein.
Sachen sind nach § 90 BGB alle körperlichen Gegenstände.

(a) ____________________

Somit ist das Fahrrad eine Sache.

Tatbestandsmerkmal 2 „fremd"

Das Fahrrad müsste auch fremd sein.
Fremd ist eine Sache, wenn sie im Eigentum eines anderen steht.

(b) ______________________________

Also ist das Fahrrad für A fremd.

Tatbestandsmerkmal 3 „beschädigen"

Außerdem müsste A das Fahrrad beschädigt haben.
Beschädigung ist jede körperliche Einwirkung auf die Sache, durch die deren Substanz verletzt oder ihre bestimmungsgemäße Brauchbarkeit nicht unerheblich beeinträchtigt wird.

(c) ______________________________

Somit ist nicht die Substanz des Fahrrades oder der Reifen verletzt.
Die bestimmungsgemäße Brauchbarkeit eines Fahrrades besteht im Fahren mit ihm.

(d) ______________________________

Somit ist dessen bestimmungsgemäße Brauchbarkeit beeinträchtigt.
Diese Beeinträchtigung dürfte jedoch nicht unerheblich sein.
Unerheblich ist sie, wenn die ursprüngliche Brauchbarkeit der Sache nur mit einem geringfügigen Aufwand an Zeit, Kraft oder Kosten wiederherzustellen ist.

(e) ______________________________

____

____

Deshalb ist die Beeinträchtigung unerheblich/erheblich.
A hat das Fahrrad somit beschädigt/nicht beschädigt.
A hat sich/hat sich nicht wegen einer Sachbeschädigung strafbar gemacht.

Aufgabe 4: Finden Sie zwei Fehler in dieser Subsumtion.

Ein Auto ist gem. § 90 BGB ein körperlicher Gegenstand.

Aufgabe 5: Korrigieren Sie die Subsumtion.

Fall: T schießt auf O und trifft dessen linkes Auge. O stirbt nicht.
Ist das eine körperliche Misshandlung?

Fraglich ist, ob T den O körperlich misshandelt hat.

Eine körperliche Misshandlung ist jede üble, unangemessene Behandlung, durch die das körperliche Wohlbefinden nicht nur unerheblich beeinträchtigt wird.
T hat durch den Schuss das linke Auge des O getroffen. Die körperliche Unversehrtheit des O wurde mehr als nur unerheblich beeinträchtigt. Der Schuss stellt eine üble, unangemessene Behandlung dar.
Mithin hat T den O körperlich misshandelt.

Aufgabe 6: Formulieren Sie die Subsumtion und das Ergebnis.

Der feuerbegeisterte T zündet ein mehrstöckiges Haus an. Der Feuerwehrmann F stirbt beim Löschen. Ist der Tod des F dem T objektiv zurechenbar?

Fraglich ist, ob der Tod des F dem T objektiv zurechenbar ist.
Ein Erfolg ist dem Täter objektiv zurechenbar, wenn er eine rechtlich missbilligte Gefahr schafft, die sich im konkreten Erfolg realisiert. Dies ist der Fall, wenn der Erfolg vorhersehbar ist, sich also im Rahmen der allgemeinen Lebenserfahrung hält.
Subsumtion: Benutzen Sie für die Argumentation die Informationen aus dem Sachverhalt (auch wenn es nicht viele sind).

Einerseits ______________________________

____

____

Andererseits ______________________________

____

____

____

____

Ergebnis:

____

Kapitel 6: Ergebnis

1. Was ist die Funktion des Ergebnisses im Gutachten?

Juristen geben klare Antworten, im Gutachten gibt es kein Vielleicht. Das Ergebnis beantwortet die Frage des Obersatzes mit einer Ja-Nein-Antwort. Das heißt, Sie stellen fest, ob das Tatbestandsmerkmal oder die Norm erfüllt sind oder nicht.

Beispiel Norm: T hat sich wegen Sachbeschädigung gem. § 303 I StGB strafbar gemacht, indem er die Luft aus den Fahrradreifen des O abgelassen hat.

Beispiel Tatbestandsmerkmal: Das Fahrrad ist eine Sache.

Merke: Ja-Nein-Antworten im Ergebnis.

2. Wie formuliere ich das Ergebnis?

Im Ergebnis ziehen Sie eine Schlussfolgerung des vorher Gesagten. Daher bieten sich schlussfolgernde Wörter an, wie: *somit, damit, mithin*. Achten Sie bei Ihrem Ergebnis auf den Sachverhaltsbezug, sonst beantworten Sie die Frage nur abstrakt und nicht für Ihren Fall.

„falsches" Beispiel: Die Handlung ist kausal für den Erfolg.

„richtiges" Beispiel: Der Schuss des T ist kausal für den Tod des O.

3. Wie formuliere ich den letzten Ergebnissatz?

Um die Fallfrage vollständig zu beantworten, orientieren Sie sich für den letzten Ergebnissatz am ersten Obersatz und nehmen alle Informationen wieder auf.

Merke: erster Obersatz = letzter Ergebnissatz

Checkliste Ergebnis

1. Enthalten alle Ergebnisse eine Schlussfolgerung und keine Begründung?
2. Beantwortet jedes Ergebnis den Obersatz?
3. Enthält der letzte Ergebnissatz die gleichen Informationen wie der erste Obersatz?

Aufgaben

Aufgabe 1: Wiederholen Sie die schlussfolgernden Formulierungen für das Ergebnis, tragen Sie sechs Alternativen ein.

a) ______________ b) ______________ c) ______________

d) ______________ e) ______________ f) ______________

Aufgabe 2: Korrigieren Sie diese Ergebnisse in Ja-Nein-Antworten um.

a) So betrachtet handelte er heimtückisch.

b) Die Niere wäre danach ein Körperglied.

c) A ist als schuldfähig anzusehen.

d) Das Verhalten kann als Eingriff eingestuft werden.

Aufgabe 3: Fügen Sie einen Haken ein, wo das Ergebnis konkreter verfasst werden kann.

a) Die Antragsbefugnis ist gegeben.

b) Ein Kaufvertrag liegt vor.

c) Das Tatbestandsmerkmal „gefährliches Werkzeug“ ist erfüllt.

Aufgabe 4: Formulieren Sie ein bejahendes Ergebnis für die ersten Obersätze.

a) T könnte sich, indem er O mit einem Pistolenschuss in die Brust schoss, wegen Totschlags gem. § 212 I StGB strafbar gemacht haben.

____

____

b) V könnte gegen K einen Anspruch auf Zahlung des Kaufpreises in Höhe von 1000 € gem. § 433 II BGB aus einem Kaufvertrag haben.

____

____

Aufgabe 5: Verneinen Sie den Obersatz, weil die Beschwerde unbegründet ist.

Die Verfassungsbeschwerde des B hat Erfolg, soweit sie zulässig und begründet ist.

____

____

Kapitel 7: Typische Fehler im Gutachten

1. Wie verwechsle ich Urteil und Gutachten nicht?

Im Urteil wird das Ergebnis zu Beginn festgestellt und im Anschluss begründet. Daher ändert sich die Reihenfolge im Vergleich zum Gutachten.

Beispiel:

Ergebnis	Begründung
T hat eine Sachbeschädigung gem. § 303 I StGB begangen,	weil er mit einem Messer ein Loch in den Fahrradreifen des O gestochen hat.

2. Warum verzichte ich auf „weil“ und „da“?

„Weil“ und „da“ begründen etwas. Im Gutachten wird aber nicht begründet, sondern geschlussfolgert. Daher verwenden Sie schlussfolgernde Ausdrücke wie: „folglich“ und „somit“. Außerdem stehen „weil“ und „da“ meistens nach dem Hauptsatz, der ein Ergebnis enthält. Dann halten Sie die Gutachten-Reihenfolge nicht ein.

Beispiel Urteil: A hat B körperlich misshandelt, weil er B geschlagen hat.

Beispiel Gutachten: A hat B geschlagen, somit hat er B körperlich misshandelt.

Merke: Im Urteil wird begründet, im Gutachten geschlussfolgert.

Sie können allerdings im Rahmen der Subsumtion, wenn Sie sich nur auf den Fall beziehen, kausale Nebensätze verwenden.[5]

Beispiel: A schlug B, weil dieser mit seinem Partner ein Verhältnis hat.

3. Warum lasse ich den Begriff „Sachverhalt" weg?

Der Sachverhalt ist Ihre einzige Quelle, Sie haben keine Zeugen befragt oder Ähnliches. Also ist die Nennung überflüssig und verstößt gegen das Gebot der Knappheit.

4. Schreibe ich Artikel vor die Personen?

Sätze wie: „Fraglich ist, ob **der A** einen Anspruch gegen **B** hat" sind häufig. Diese Uneinheitlichkeit – einmal mit, einmal ohne Artikel – ergibt sich wahrscheinlich daraus, dass nicht klar ist, ob ein Name oder ein Beruf gemeint ist.

Beispiel: Maler M
Ist M eine Abkürzung für einen Namen, müsste es heißen:
Fraglich ist, ob M einen Anspruch hat.

Wenn M eine Abkürzung für seine Berufsbezeichnung „Maler" ist, müsste es folgerichtig heißen:
Fraglich ist, ob der M (nämlich der Maler) einen Anspruch hat.

Meistens sind mit den Buchstaben Namen gemeint, weil in Ihren Fällen konkrete Personen handeln.

Tipp: Verzichten Sie in Ihrem Gutachten auf Artikel für die handelnden Personen.

Allerdings haben sich **zwei Ausnahmen** etabliert:

→ Genitiv:
Wenn es sich um Namen handelt, müsste der Genitiv lauten:
Bs Anspruch könnte sich aus § 433 I BGB ergeben.
Aus stilistischen Gründen ist hier die Verwendung des Artikels zu empfehlen:
Ein Anspruch des B könnte sich aus § 433 I BGB ergeben.

5 Ebenso: Schimmel, Juristische Klausuren und Hausarbeiten richtig formulieren, 153.

→ Zwei Personen hintereinander:
Somit hat A B körperlich misshandelt.
Auch hier sollten Sie aus Stilgründen einen Artikel verwenden:
Somit hat A den B körperlich misshandelt.

5. Welche Wörter kürze ich ab?

Juristische Begriffe – außer den Gesetzbüchern – sollten Sie nicht abkürzen. Abkürzungen, die außerhalb der Rechtswissenschaft gängig sind, können Sie verwenden.

Beispiele: d. h., z. B., i. H. v.

Checkliste Fehler

1. Enthält das Gutachten nur neutrale Wörter?
2. Wird kein „weil“ oder „da“ verwendet?

Aufgaben

Aufgabe 1: Was ist Gutachten-, was ist Urteilsstil? Kreuzen Sie an.

a) T hat O körperlich misshandelt, da er ihm ein Messer in die Brust gestoßen hat.
b) Der Tisch ist ein körperlicher Gegenstand, mithin eine Sache gem. § 90 BGB.
c) Die Verfassungsbeschwerde hat keinen Erfolg, weil sie unbegründet ist.
d) § 49a VwVfG NW kommt nicht in Betracht, denn diese Regelung normiert nur Ansprüche eines Hoheitsträgers gegen Private.
e) Da die Erklärung des V die wesentlichen Vertragsbestandteile enthält, liegt ein Angebot vor.

Aufgabe 2: Formulieren Sie von Gutachten- in Urteilsstil und andersherum.

a) T hat O körperlich misshandelt, da er ihm ein Messer in die Brust gestoßen hat.

T hat O ein Messer

b) Ein Tisch ist ein körperlicher Gegenstand, mithin eine Sache gem. § 90 BGB.

c) Die Verfassungsbeschwerde hat keinen Erfolg, weil sie unbegründet ist.

d) § 49a VwVfG NW kommt nicht in Betracht, denn diese Regelung normiert nur Ansprüche eines Hoheitsträgers gegen Private.

Aufgabe 3: Formulieren Sie ohne den Begriff „Sachverhalt".

a) Mangels Angaben im Sachverhalt handelte T rechtswidrig.

b) Laut Sachverhalt ist das Gesetz formell verfassungsmäßig.

c) Dem Sachverhalt lassen sich keine Anhaltspunkte entnehmen, dass A nicht geschäftsfähig ist.

Kapitel 8: Schwerpunktsetzen im Gutachten

1. Was ist Schwerpunktsetzen im Gutachten?
2. Warum verkürze ich den Gutachtenstil?
3. Wann kürze ich ab?
4. Wie kürze ich ab?
5. Wie wähle ich die Abkürzungsmethode?
6. Warum brauche ich beim Kürzen Überschriften?

Aufgaben

1. Was ist Schwerpunktsetzen im Gutachten?

Ob Sie in Ihrem Gutachten einen Schwerpunkt gesetzt haben, erkennen Sie sogar, ohne den Text zu lesen. Ist unter jedem Prüfungsmerkmal ähnlich viel Text, haben Sie keinen Schwerpunkt gesetzt. Ein Schwerpunkt wird zu einem solchen, wenn Ihr Gutachten längere und kürzere Textstellen aufweist. Eine Textstelle wird dadurch kürzer, dass Sie bei diesem Prüfungspunkt einen oder mehrere der vier Gutachtenschritte weglassen.

Häufig wird empfohlen, im Urteilsstil abzukürzen. Ein Urteil hat aber eine andere Funktion, ist sogar eine andere Textsorte. Urteilsstil im Gutachten ist ein Stilbruch.

Denkbar ist, die Begründung vorzuziehen, damit die Gutachtenreihenfolge erhalten bleibt. Der Nachteil einer anderen inhaltlichen Beziehung bleibt aber bestehen (begründend statt schlussfolgernd). Letztlich entsteht eine Mischform aus Gutachten- und Urteilsstil.

Beispiel Mischform:

Begründung	Ergebnis
Da A den B geschlagen hat,	hat er B körperlich misshandelt.

2. Warum verkürze ich den Gutachtenstil?

Wenn Sie jeden Punkt ausführlich im Viererschritt formulieren, erwecken Sie den Eindruck, dass jeder gleich wichtig ist. Im Gutachten wird aber von Ihnen verlangt, einen Schwerpunkt zu setzen. Diesen setzen Sie, indem Sie an manchen Stellen viel Text (alle vier Gutachtenschritte) und an anderen wenig schreiben. Stellen Sie sich die Justitia mit ihren Waagschalen vor. Damit etwas schwerer wiegen kann, braucht es ein leichteres Gegengewicht, nur im Vergleich entsteht ein Schwerpunkt.

Merke: Schwerpunkt = alle *vier* Gutachtenschritte

Das Abkürzen wird immer wieder in der Literatur empfohlen. Es ist „verfehlt, für Klausurlösungen durchweg den Gutachtenstil zu verlangen", und es „gilt die Regel, dass nur echte Probleme der Arbeit im Gutachtenstil behandelt werden".[6] Allerdings beklagen sich Studierende immer wieder darüber, dass das Abkürzen bei ihnen negativ bewertet wird, gerade bei Erst- und Zweitsemestern. Sollte Ihnen das passieren, hinterfragen Sie sich zunächst selbst: War das Abkürzen an dieser Stelle wirklich sinnvoll? „Im Zweifel sollte man ‚sicherheitshalber' den Gutachtenstil verwenden."[7] Dies gilt im besonderen Maße für Studienanfänger. Je weiter Sie allerdings im Studium kommen, desto komplexer und umfangreicher werden die Gutachten, und das Kürzen umso wichtiger. Es ist immer besser, einen Fall vollständig in einem kurzen Stil zu lösen, als in einem ausführlichen Stil nur die Hälfte des Falles zu lösen. Dann wird man nur schwerlich bestehen.

3. Wann kürze ich ab?

Das Abkürzen gehört zu den schwierigsten Entscheidungen im Gutachten. Ein Tatbestandsmerkmal kann in einem Gutachten abgekürzt werden, im nächsten ist gerade dieses Merkmal „problematisch" und Sie prüfen es ausführlich.[8] Es hängt also vom Fall ab, nicht vom Gesetz.

„unproblematisches" Beispiel: Ist eine Uhr eine Sache?

---

6 Diederichsen; Wagner, Die BGB-Klausur, 1998, 208.
7 Körber, JuS, 2008, 289 (295).
8 Lagodny; Mansdörfer; Putzke, ZJS, 2014, 157 (159).

„problematisches“ Beispiel: Ist ein Hund eine Sache?

Grundsätzlich gilt: Passen Gesetz und Fall wie zwei Puzzleteile zusammen, können Sie abkürzen. Ist der Arbeitsaufwand beim Puzzlen gering, spiegelt sich das in einer kurzen Darstellung wider. Müssen Sie allerdings die Teile drehen und wenden, bis sie passen, zeigen Sie diesen Prozess durch viel Text.

Ein anderer Anhaltspunkt ist das Funktionieren der Kommunikation zwischen Laie und Gesetz. Nur wenn diese nicht funktioniert, braucht es einen Juristen. Der Jurist erklärt ausführlich, was dem Laien unverständlich ist. Funktioniert die Kommunikation zwischen Laie und Gesetz, können Sie abkürzen. Letztlich ist die Entscheidung, wie gut Fall und Gesetz zusammenpassen, wertend – und das in einem neutralen Gutachten. Diesen Widerspruch müssen Sie als Gutachter aushalten.

Merke: Sie können abkürzen, wenn

→ Gesetz und Fall (ohne Definition) schon wie zwei Puzzleteile ineinander passen.
→ die Subsumtion leicht ist, die abstrakten Begriffe der Definition und der Fall zusammenpassen.
→ die Kommunikation zwischen Laie und Gesetz funktioniert.

4. Wie kürze ich ab?

Zu empfehlen sind, je nach Fall, drei Methoden:

Methode I: Das „lange“ Abkürzen
Dabei lassen Sie den Obersatz und die Definition weg und beginnen gleich mit der Subsumtion. In dieser wiederholen Sie die Definition und schließen mit dem Ergebnis ab. Diese Methode hat den Vorteil, dass Sie den Maßstab, also die Definition, anlegen.

Vier Tipps zum Abkürzen:

Tipp 1: Obersatz weglassen

Tipp 2: Definition weglassen

Tipp 3: In der Subsumtion die Definition wiederholen

Tipp 4: Reihenfolge beachten →Ergebnis bleibt am Ende

Beispiel:
Die Pistole des T ist ein Gegenstand, der dazu bestimmt ist, erhebliche Verletzungen hervorzurufen, somit eine Waffe.

Methode II: Das „kurze" Abkürzen

Manchmal stimmt der Sachverhalt mit dem Tatbestandsmerkmal im Gesetz überein, dann können Sie „kurz" abkürzen.

Beispiel: Ist die Landesregierung C berechtigt, eine abstrakte Normenkontrolle zu beantragen?
Landesregierungen werden ausdrücklich in Art. 93 I Nr. 2 GG, § 13 Nr. 6 BVerfGG als antragsberechtigt genannt. Die überflüssige Subsumtion wäre: Die Landesregierung C ist eine Landesregierung.
Daher reicht für das Gutachten: Die Landesregierung C ist gem. Art. 93 I Nr. 2 GG, § 13 Nr. 6 BVerfGG berechtigt, eine abstrakte Normenkontrolle zu beantragen.

Methode III: Das „Weglassen"

Zuletzt gibt es noch die Möglichkeit, Prüfungspunkte wegzulassen. Und zwar solche, die Sie nicht zwingend prüfen müssen, sondern nur bei Anhaltspunkten im Sachverhalt.

Beispiel: Geschäftsfähigkeit im Zivilrecht, Gebotenheit bei der Notwehr

Langes Abkürzen	Kurzes Abkürzen	Weglassen
S + (D) + E	E	—

5. Wie wähle ich die Abkürzungsmethode?

Grundsätzlich kürzen Sie „lang" ab, denn diese Methode enthält einen abstrakten Maßstab, also eine Herleitung für das Ergebnis. Das „kurze" Abkürzen wählen Sie, wenn Gesetz und Fall ohne Definition übereinstimmen – und unter Zeitdruck am Ende einer Klausur.

6. Warum brauche ich gerade beim Kürzen Überschriften?

Beim Abkürzen ist das Problem, dass kein Obersatz vorhanden ist, der verdeutlicht, was Sie gerade prüfen. Das wird dem Leser erst klar, wenn er die Subsumtion vollständig gelesen hat. Je länger die Subsumtion ist, desto eher fragt sich der Korrektor: „Was prüft der Studierende da?" Hier zeigt sich die Relevanz der Überschriften.

Beispiel ohne Überschrift: Die Pistole des G ist ein Gegenstand, der dafür bestimmt ist, erhebliche Verletzungen bei einem Menschen hervorzurufen, mithin eine Waffe.

Beispiel mit Überschrift: Waffe
Die Pistole des G ist ein Gegenstand, der dafür bestimmt ist, erhebliche Verletzungen bei einem Menschen hervorzurufen, mithin eine **Waffe**.

Überschriften helfen, Ihre Gutachten zu strukturieren – das hilft dem Leser, aber auch Ihnen: Man sieht schnell, was geprüft wurde.
Überschriften enthalten meistens nur das zu prüfende Merkmal aus dem Gesetz und wenig bis keinen Sachverhalt. Sonst besteht die Gefahr, dass die Überschrift zu lang wird und zu viel Klausurzeit verbraucht.

Beispiele: Angebot des V, Annahme des K, Übergabe an K

Sollten zum Beispiel mehrere Angebote geprüft werden, können Sie in der Überschrift erwähnen, auf welches Verhalten im Sachverhalt Sie sich beziehen, aber nicht zu ausführlich. Das verwenden Sie dann im Obersatz.

„zu" ausführliches Beispiel: Angebot des V durch das Präsentieren des Pullovers im Schaufenster mit Preisschild

ausreichendes Beispiel: Schaufenster als Angebot des V
V könnte durch das Präsentieren der Ware im Schaufenster mit Preisschild ein Angebot abgegeben haben.

Aufgaben

Aufgabe 1: Ein Tatbestandsmerkmal kann von Fall zu Fall unterschiedlich schwierig zu subsumieren sein. Kreuzen Sie an, wie Sie prüfen würden.

	Sachverhalt = Tatbestandsmerkmal	Abkürzen	Ausführlich
a)	Picasso-Gemälde = Kunst?		
b)	Graffiti = Kunst?		
c)	T versteckt Konservendosen unter seiner Tasche im Einkaufswagen = Wegnahme?		
d)	Bauer T lässt seine Kühe bei Bauer O grasen. Gras = bewegliche (Sache)?		
e)	Auto = Sache?		
f)	Reifen zerstechen = beschädigen?		
g)	Luft aus Reifen ablassen = beschädigen?		
h)	„Idiot!“ = Beleidigung?		
i)	„Sie Mensch, Sie!“ = Beleidigung?		
j)	Pistole = Waffe?		
k)	Spielzeugpistole = Waffe?		
l)	A nickt zum Angebot des B = Annahme?		
m)	A sagt „Ja“ zum Angebot des B = Annahme?		
n)	T zerstört eine Ski-Loipe = Sache?		

Aufgabe 2: Noch einmal der Fahrrad-Fall von Seite 31. Kürzen Sie in drei Schritten ab.

Schritt 1: Formulieren Sie alle vier Gutachtenschritte für das Tatbestandsmerkmal Sache.

Obersatz: ______________________________

Definition: ______________________________

____

Subsumtion: ______________________________

Ergebnis: ______________________________

Schritt 2: Streichen Sie Obersatz und Definition durch.

Schritt 3: Fügen Sie § 90 BGB in die Subsumtion ein.

Schritt 4: Lesen Sie den Text, das ist Ihre Abkürzung.

Wiederholen Sie die drei Schritte für das zweite Tatbestandsmerkmal „fremd"

Schritt 1: Formulieren Sie alle vier Gutachtenschritte für das Tatbestandsmerkmal fremd.
Obersatz: ______________________________
Definition: ______________________________
Subsumtion: ______________________________
Ergebnis: ______________________________

Schritt 2: Streichen Sie Obersatz und Definition durch.

Schritt 3: Lesen Sie den Text. Das ist Ihre Abkürzung.

Aufgabe 3: Kürzen Sie „lang" ab.

A gibt B eine Ohrfeige, die zu einer blutenden Wunde führt.

a) körperliche Misshandlung
Definition: eine üble, unangemessene Behandlung, die das körperliche Wohlbefinden nicht nur unerheblich beeinträchtigt

____

____

____

____

____

____

b) Gesundheitsschädigung
Definition: Hervorrufen oder Steigern eines krankhaften Zustands

____

____

____

Aufgabe 4: Kürzen Sie „kurz“ ab.

A sticht B ein Messer in den Arm (Körperverletzung § 223 I StGB).

a) körperliche Misshandlung

b) Gesundheitsschädigung

Aufgabe 5: Entscheiden Sie, welche Kürzungsmethode Sie anwenden möchten und streichen Sie die „überflüssigen“ Sätze durch.

Die Erklärung des K, er nehme den Stuhl des V für 140 €, könnte ein Angebot sein. Ein Angebot ist eine empfangsbedürftige Willenserklärung, die auf einen Vertragsschluss gerichtet ist und die wesentlichen Vertragsbestandteile enthält. Bei einem Kaufvertrag sind die wesentlichen Vertragsbestandteile die Kaufsache, der Kaufpreis und die Vertragsparteien. Die Erklärung enthält die Kaufsache, den Stuhl, den Kaufpreis in Höhe von 140 € und die Vertragsparteien K und V. Die Formulierung, dass er den Stuhl nehme, ist außerdem eine Willenserklärung, die auf einen Vertragsschluss gerichtet ist. Die Erklärung des K, er nehme den Stuhl des V für 140 €, ist ein Angebot.

Aufgabe 6: Hier wird gegen die Gutachtenreihenfolge verstoßen. Korrigieren Sie.

a) Ein Angebot hat A im Geschäft des B abgegeben, indem sie erklärte, den PC aus dem Schaufenster für 700 € kaufen zu wollen.

b) C und T haben sich über die wesentlichen Vertragsbestandteile, nämlich Kaufpreis und Kaufsache, geeinigt, indem sie den PC auf einen Preis von 700 € festgelegt haben.

c) A misshandelte B körperlich, indem er ein Messer in die Brust des B stach.

Kapitel 9: Eigenkorrektur mit Checkliste

1. Wie kann ich mein Gutachten überarbeiten?
2. Wie korrigiere ich mit der Checkliste?

Aufgabe

1. Wie kann ich mein Gutachten überarbeiten?

Um Ihr Gutachten zu überarbeiten, ist es wichtig zu wissen, welche Stärken und Schwächen Ihr Gutachtenstil hat. Dazu bietet sich eine Checkliste an, die Kriterien für die Erstellung eines Gutachtens enthält. Die Selbsteinschätzung klärt auch, woran Sie künftig arbeiten können und was Sie nicht mehr trainieren müssen.

2. Wie korrigiere ich mit der Checkliste?

Das Korrigieren und Überarbeiten mit der Checkliste erfolgt in mehreren Schritten. Auf diese Weise können Sie sich auf einzelne Aspekte konzentrieren. Alle Punkte der Checkliste wurden in den vorherigen Kapiteln erklärt. Falls Sie einen Punkt nicht verstehen, können Sie im entsprechenden Kapitel nachlesen. Die Checkliste bezieht sich nur auf den Gutachtenstil, nicht auf den Inhalt.

Schritt 1: Selbsteinschätzung

Gehen Sie die Checkliste durch und schätzen ein, wo Ihre Stärken und Schwächen im Gutachtenstil liegen.

Checkliste Gutachtenstil

Obersätze	Ja	Nein
Haben alle Obersätze Bezug zum Sachverhalt?		
Enthalten alle „ersten“ Obersätze eine Norm?		
Sind alle Obersätze sprachlich richtig? Konjunktiv II, Fragewort, Nennen der Voraussetzungen		
Definitionen		
Sind alle Definitionen ohne Sachverhaltsbezug formuliert?		
Erklären die Definitionen nur das im Obersatz Gefragte?		
Subsumtionen		
Tauchen die Schlüsselbegriffe aus der Definition wortwörtlich wieder auf?		
Werden keine neuen abstrakten Aspekte subsumiert? (Solche, die in der Definition nicht auftauchen.)		
Passt die Sachverhaltsinformation zu den Schlüsselbegriffen?		
Ergebnisse		
Enthalten alle Ergebnisse eine Schlussfolgerung und keine Begründung?		
Beantwortet jedes Ergebnis den Obersatz?		
Enthält der letzte Ergebnissatz die gleichen Informationen wie der erste Obersatz?		
Allgemein		
Ist die Gutachtenreihenfolge eingehalten?		
Ist jeder Satz einem Gutachtenschritt zuzuordnen?		
Ergibt sich ein Gutachtenschritt aus dem anderen?		
Sind Schwerpunkte erkennbar?		
Hat jede Ebene mindestens zwei Gliederungspunkte?		
Enthält das Gutachten nur neutrale Wörter?		
Wird kein „weil“ oder „da“ verwendet?		

Schritt 2: Überprüfen Ihres Gutachtens

Ihre Einschätzung überprüfen Sie jetzt anhand Ihres Gutachtens. Besonders effektiv ist es, auch diese Überprüfung in mehrere Korrekturschritte zu unterteilen: Wählen Sie ein bis zwei Kriterien aus. Markieren Sie im Gutachten die

Häufigkeit von „Verstößen“ gegen die Kriterien. Wiederholen Sie diesen Schritt so oft wie nötig. Jeden „Verstoß“ können Sie in diese Tabelle eintragen.

Obersätze	**Häufigkeit**
Haben alle Obersätze Bezug zum Sachverhalt?	
Enthalten alle „ersten“ Obersätze eine Norm?	
Sind alle Obersätze sprachlich richtig?	
Definitionen	
Sind alle Definitionen ohne Sachverhaltsbezug formuliert?	
Erklären die Definitionen nur das im Obersatz Gefragte?	
Subsumtionen	
Tauchen die Schlüsselbegriffe aus der Definition wortwörtlich wieder auf?	
Werden keine neuen abstrakten Aspekte subsumiert, die in der Definition nicht auftauchen?	
Passt die Sachverhaltsinformation zu den Schlüsselbegriffen?	
Ergebnisse	
Enthalten alle Ergebnisse eine Schlussfolgerung und keine Begründung?	
Beantwortet jedes Ergebnis den Obersatz?	
Enthält der letzte Ergebnissatz die gleichen Informationen wie der erste Obersatz?	
Allgemein	
Ist die Gutachtenreihenfolge eingehalten?	
Ist jeder Satz einem Gutachtenschritt zuzuordnen?	
Ergibt sich ein Gutachtenschritt aus dem anderen?	
Sind Schwerpunkte erkennbar?	
Hat jede Ebene mindestens zwei Gliederungspunkte?	
Enthält das Gutachten nur neutrale Wörter?	
Wird kein „weil“ oder „da“ verwendet?	

Schritt 3: Abgleichen der Selbsteinschätzung

Oft kommt es bei einem Abgleich zu Aha-Erlebnissen. Natürlich wird bei Ihnen nicht jeder Punkt zutreffen, meistens aber ein oder zwei. Revidieren oder bestätigen Sie Ihre erste Einschätzung und markieren Sie in der Checkliste, was Sie künftig trainieren wollen und was Sie bereits beherrschen.

Schritt 4: Korrektur und Überarbeitung

Die gefundenen Fehler können Sie nun chronologisch oder thematisch überarbeiten. Verwenden Sie die Checkliste zum Überarbeiten und fügen Sie zum Beispiel den Sachverhalt ein, wo er fehlt. Sie können auch das entsprechende Kapitel in diesem Buch erneut bearbeiten.

Tipp: Korrigieren Sie Ihre Hausarbeiten vor der Abgabe anhand der Checkliste.

Aufgabe

Aufgabe: Korrigieren Sie das Gutachten mit der Checkliste.

1. Handlungskomplex: Der Griff um das Handgelenk

A. A könnte sich wegen einer Körperverletzung gem. § 223 I StGB strafbar gemacht haben.

I. Tatbestand

1. Objektiver Tatbestand

Dann müsste eine körperliche Misshandlung oder eine Gesundheitsschädigung vorliegen.

a. Eine körperliche Misshandlung des M läge vor, wenn er eine üble, unangemessene Behandlung erfahren hätte, durch die das körperliche Wohlbefinden nicht nur unerheblich beeinträchtigt wurde.

A hat M am Handgelenk gepackt und somit dessen Wohlbefinden nur unerheblich beeinträchtigt.

b. Es könnte eine Gesundheitsschädigung vorliegen. Eine Gesundheitsschädigung ist jedes Hervorrufen oder Steigern eines krankhaften Zustandes des M.

Lediglich durch das kurze Festhalten ist noch kein pathologischer Zustand eingetreten.

II. Ergebnis: Eine Strafbarkeit gem. § 223 I kommt nicht in Betracht.

2. Handlungskomplex: Der Tritt gegen das Schienbein

B. M könnte sich gem. § 223 I StGB strafbar gemacht haben.

Dann müsste M den A körperlich misshandelt oder an der Gesundheit geschädigt haben.

Der Tritt des M ist so heftig, dass A den M aufgrund des argen Schmerzes loslassen muss.

Dies stellt eine unangemessene Behandlung dar.

M könnte A auch an der Gesundheit geschädigt haben, wenn er einen auch nur vorübergehenden pathologischen Zustand hervorgerufen oder gesteigert hat.
Durch den Tritt ist ein kranker Zustand eingetreten.
2. Subjektiver Tatbestand
M trat A wissentlich und willentlich.
3. Rechtswidrigkeit
M handelte rechtswidrig.
4. Schuld
Die Schuld ist erfüllt.
5. Ergebnis
M hat sich gem. § 223 I StGB strafbar gemacht.

Kapitel 10: Meinungsstreit

1. Was ist ein Meinungsstreit?

Gesetze müssen so viele Fälle wie möglich erfassen, um Gesetzeslücken zu vermeiden. Dieses Ziel erreichen sie durch abstrakte Formulierungen: je abstrakter ein Begriff, desto mehr Fälle lassen sich darunter subsumieren. Das geht leider auf Kosten der Verständlichkeit. Juristen machen die abstrakten Begriffe durch Auslegung verständlich. Savigny spricht bei mehrdeutigen oder unvollständigen Gesetzen sogar von „mangelhaften“ Gesetzen.[9]

Wie bei jeder Textinterpretation gibt es unterschiedliche Ansichten, wie ein Text zu verstehen ist. Weil aber ein Gesetz nicht wie ein Gedicht interpretiert werden darf, gibt es Regeln für die Auslegung: die unterschiedlichen Auslegungsmethoden. Dennoch können auch diese zu unterschiedlichen Ergebnissen führen und es entsteht ein Meinungsstreit.

---

9 von Savigny, System des heutigen Römischen Rechts, 15.

1.1 Streit über die Auslegung eines Tatbestandmerkmals

Am häufigsten wird wohl über die Definition eines Tatbestandsmerkmals gestritten. Deswegen gehört dieser Streit in Ihrem Gutachten an die Stelle der Definition. Dort stellen Sie die Definitionsvorschläge vor.

> **Beispiel:** Was ist Kunst?

1.2 Streit, ob ein Merkmal zum Tatbestand gehört

Es kann auch darüber gestritten werden, was zum Tatbestand gehört, also was geprüft werden muss.

> **Beispiel:** Setzt der Missbrauchstatbestand bei der Untreue gem. § 266 I StGB eine Vermögensbetreuungspflicht voraus?

1.3 Streit über das Verhältnis von Normen

Darüber hinaus gibt es auch Streitigkeiten über das Verhältnis von Normen untereinander.

> **Beispiel:** Kann der Käufer einer mangelhaften Sache wegen Eigenschaftsirrtums anfechten *und* Gewährleistung geltend machen?

Ein Unterfall dieses Streits ist der Streit über den Prüfungsaufbau von Normen. Sie brauchen nicht zu erklären, warum Sie Ihren Aufbau gewählt haben, denn damit lösen Sie nicht Ihren Fall. Daher dürfen Sie diese Streitart nicht darstellen.

> **Beispiele für Aufbau-Streit:** Ist Mord eine Qualifikation des Totschlags? Braucht man eine Vorprüfung für den Versuch? Kann ein Delikt auch zweistufig geprüft werden?

Manchmal erörtern Sie diese Streitart allerdings im Rahmen von anderen Streitigkeiten.

> **Beispiel:** Das Verhältnis von Mord und Totschlag erörtern Sie, wenn in Ihrem Fall jeder Beteiligte ein anderes Mordmerkmal verwirklicht (gekreuzte Mordmerkmale).

2. Warum schreibe ich „Meinung“ nicht?

Der Begriff „Meinung“ ist subjektiv, also nicht neutral, und entwertet wissenschaftliche Ansichten als bloße Meinungen. Das gilt auch für die „herrschende Meinung“ und die „Mindermeinung“.

Für die „herrschende Meinung“ gibt es zudem keine klare Definition. Wie viele Anhänger muss eine Meinung haben, damit sie herrscht? Ein solcher Maßstab würde die Bezeichnung weniger subjektiv machen. Mindermeinung müsste korrekterweise Minderheitsmeinung heißen und klingt, als wäre sie weniger wert. Die Information, wie viele Anhänger eine Ansicht hat, ist für die Fall-Lösung nicht relevant, kann aber den Eindruck erwecken, Sie folgen der herrschenden Meinung, ohne sich Gedanken über die Inhalte gemacht zu haben.

3. Wie nenne ich die „Meinungen“?

Verwenden Sie neutrale Bezeichnungen, wie Ansicht oder Auffassung. Eigennamen können Sie verwenden, am besten mit Anführungsstrichen: „Einzelakttheorie“, „Eingeschränkte Schuldtheorie“.

Bezeichnungen wie „Rechtsprechung“ und „Literatur“ sollten Sie nicht wählen, weil sie vermitteln, dass sich die *gesamte* Rechtsprechung und die *gesamte* Literatur einig sind. Sie machen sich angreifbar, sobald eine einzige Gerichtsentscheidung der Literatur folgt. Außerdem ist – wie gesagt – für die Fall-Lösung nicht relevant, wer eine Ansicht vertritt.

4. Wann erörtere ich einen Streit und wann nicht?

Es gibt keine festgelegte Regel, wann Sie einen Streit weglassen können. Ein Anhaltspunkt ist, dass Sie die engste Ansicht leicht auf Ihren Fall anwenden können. Dass alle Ansichten zum gleichen Ergebnis führen, ist kein Kriterium, einen Streit wegzulassen. Hingegen müssen Sie einen Streit immer erörtern, wenn die Ansichten in Ihrem Fall zu unterschiedlichen Ergebnissen führen.

Beispiel Streit erforderlich: A will B mittels einer Briefbombe töten. Wann beginnt der Versuch?
→ Wenn A im Supermarkt die nötigen Utensilien kauft?
→ Wenn A sich mit Schere und Kleber an den Schreibtisch setzt?
→ Wenn A den Brief in den Briefkasten steckt?
→ Wenn der Postbote den Brief in den Briefkasten des B steckt?
→ Wenn B den Brief öffnet?

Hier ist der Zeitpunkt des Versuchsbeginns nicht eindeutig, daher ist es wichtig, den Streit darzustellen.

Beispiel Streit nicht erforderlich: A schießt auf B, der Schuss verfehlt jedoch das Ziel. A hat bereits geschossen und die tatbestandliche Handlung ausgeführt, dann verzichten Sie auf die Streitdarstellung. In einer Klausur reicht ein Satz wie: „A hat geschossen, somit bereits die tatbestandliche Handlung ausgeführt, so dass er nach allen Ansichten unmittelbar angesetzt hat."

5. Wann ist ein Streit Schwerpunkt des Gutachtens?

„Setzen Sie Schwerpunkte an den richtigen Stellen", ist ein Satz, den Sie vielleicht schon im Studium gehört haben. Ein Streit ist oft Schwerpunkt – vor allem, wenn die Ansichten in Ihrem Fall zu unterschiedlichen Ergebnissen führen. Nur dann argumentieren Sie, was das juristische Arbeiten (Argumentieren und Auslegen) erforderlich macht (s. Kapitel 11, 12).

6. Muss ich alle Ansichten erwähnen?

Als Faustregel gilt: in Hausarbeiten ja, in Klausuren nein. In Klausuren genügen zumeist eine bejahende, eine verneinende und eine vermittelnde Ansicht.

In einer Hausarbeit stellen Sie alle Ansichten vor. Manchmal können Sie eine Vielzahl unterschiedlicher Auffassungen in Gruppen darstellen. Vorbilder dafür sind in den Lehrbüchern vorhanden, z. B. die Schuldtheorien beim Erlaubnistatbestandsirrtum. Ansichten, die aufgrund von Gesetzesänderungen überholt sind, brauchen Sie nicht zu erwähnen.

7. Wie baue ich einen Streit auf?

Für den Aufbau des Streits bietet es sich an, erst den normalen Obersatz zu formulieren. Normalerweise folgt dann die Definition – nur dass diese gerade umstritten ist. Statt der Definition stellen Sie die Definitionsvorschläge vor. Jeden Vorschlag wenden Sie mit Subsumtion und Ergebnis auf Ihren Fall an.

Manche argumentieren schon beim Vorstellen der Ansichten,[10] allerdings ist dies aus zwei Gründen problematisch: Die Argumente müssen Sie in der Stellungnahme entweder weglassen oder wiederholen, beides ist nicht ideal. Gelangen die Ansichten zu gleichen Ergebnissen, war das Argumentieren überflüssig und zeitraubend.

Damit der Meinungsstreit nicht auswendig gelernt klingt, können Sie auch die Ansichten auf diese Weise vorstellen: *Hier kann man vertreten, dass… / Weiter kann vertreten werden, dass…*

---

10 Valerius, Einführung in den Gutachtenstil, 26.

Vermeiden Sie Formulierungen wie: *Die erste/zweite/dritte Ansicht verlangt, dass…* Diese Aufzählung vermittelt dem Leser/Korrektor, dass eine Hierarchie innerhalb der Ansichten besteht, was nicht der Fall ist. Lediglich wenn Sie sich für eine Ansicht entscheiden, können Sie diese Aufzählung benutzen, denn dann beziehen Sie sich auf Ihre eigene Gliederung.

Beispiel: Somit ist der dritten Ansicht zu folgen.

Aufbau Meinungsstreit

1. Normaler Obersatz	Fraglich ist / Möglicherweise
2. Definitionsvorschlag Ansicht I	Hier kann man vertreten, dass… Nach einer Ansicht ist… Hierzu wird vertreten, dass… Einerseits lässt sich vertreten, dass…
➔ Subsumtion	Normale Subsumtion
➔ Ergebnis Ansicht I	Danach **wäre**… / Somit **hätte**… / Danach **läge**…. vor.
3. Definitionsvorschlag Ansicht II	Weiter kann vertreten werden, dass… Eine andere Auffassung vertritt/verlangt, dass… Andererseits lässt sich ebenso vertreten, dass…
➔ Subsumtion	Normale Subsumtion
➔ Ergebnis Ansicht II	Nach dieser Auffassung **läge**…vor. Folgte man dieser Auffassung **wäre/hätte**…
4. Ggf. weitere Auffassungen	Darüberhinaus wird gefordert, dass…
5. Stellungnahme erforderlich? Hier vergleichen Sie die Ergebnisse.	Variante I Die Ansichten gelangen zum gleichen Ergebnis, somit ist keine Stellungnahme erforderlich. Variante II Die Auffassungen führen zu unterschiedlichen Ergebnissen, daher ist eine Stellungnahme erforderlich.
6. Stellungnahme Nur für Variante II:	1. Argumente für und gegen die Ansichten nennen. 2. ♡-Ansicht küren: Daher verdient die zweite Ansicht den Vorzug / Somit ist der zweiten Ansicht zu folgen. Nur die dritte Ansicht berücksichtigt den Sinn und Zweck der Norm, daher ist dieser Ansicht zu folgen.
7. Ergebnis der Favoritenansicht im Indikativ	Somit **ist**… Folglich **hat**…

8. Welchen Konjunktiv brauche ich?

Sie brauchen den Konjunktiv II, wenn Sie die Ansichten auf Ihren Fall anwenden. Sie stellen nämlich fest, wie das Ergebnis für Ihren Fall *aussähe*, wenn Sie der Ansicht folgen *würden*. Beim Darstellen der Ansichten können Sie Konjunktiv I verwenden. Der Konjunktiv I wird gebraucht, um fremde Aussagen wiederzugeben. Allerdings wird beim Darstellen der Ansichten durch den Kontext deutlich, dass Sie fremde Aussagen wiedergeben. Daher können Sie auf den Konjunktiv I verzichten, auch wenn er eleganter ist.

Beispiele Konjunktiv I: Definitionsvorschlag
Eine Ansicht besagt, dass ein Körperglied ein Körperteil **sei**, der mit einem Gelenk verbunden **sei**.

Beispiel Konjunktiv II: Ergebnis eines Definitionsvorschlages
Nach dieser Ansicht **wäre** die Niere kein Körperglied.

9. Leite ich den Streit ein?

Leiten Sie Ihren Streit ein, indem Sie dem Leser/Korrektor klar machen, warum in diesem Fall der Streit relevant ist. Machen Sie anhand des Falls deutlich, warum Sie den Streit erörtern, warum er in Ihrem Fall erörterungswürdig ist.

Beispiel fehlende Relevanz: A könnte Gewalt angewandt haben. Nach einer Ansicht muss der Täter körperlich auf das Opfer einwirken. Nach einer anderen Ansicht reicht auch psychische Gewalt aus.

Beispiel mit Relevanz: A könnte Gewalt angewandt haben. Allerdings hat A das Opfer O nicht berührt, sondern es angeschrien. Fraglich ist, ob dies unter den Gewaltbegriff fällt. Nach einer Ansicht...

Hinter Ihrer Fallfrage steht eine abstrakte, wissenschaftliche Rechtsfrage. Manchmal wird empfohlen, den Streit mit dieser Rechtsfrage einzuleiten, weil auf wissenschaftlicher Ebene und nicht über Ihren Fall gestritten wird. Aus zwei Gründen empfiehlt es sich, den Streit nicht auf diese Weise einzuleiten:

Zum einen bringt die abstrakte Rechtsfrage Ihre Fall-Lösung nicht voran und ist damit überflüssig. Außerdem birgt sie das Fehlerpotential, dass Sie statt der konkreten Rechtsfrage die abstrakte subsumieren und beantworten.

Beispiel: Konkrete Fallfrage: Ist die Niere des A ein Körperglied?
Abstrakte Rechtsfrage: Sind innere Organe (Nieren) Körperglieder?

Unnötiger Einleitungssatz: Umstritten ist, ob innere Organe überhaupt Körperglieder sein können.

10. Was mache ich in der Stellungnahme?

In der Stellungnahme argumentieren Sie für und gegen die Ansichten und entscheiden sich für die mit den überzeugendsten Argumenten. Argumente finden Sie mit den Auslegungsmethoden und den juristischen Argumentationstechniken. Daher werden diese in den zwei folgenden Kapiteln vor der Stellungnahme thematisiert.

Argumente für und gegen die Ansichten
- Auslegung
- juristische Argumentationstechniken

Aufgaben

Aufgabe 1: Unterstreichen Sie das umstrittene Tatbestandsmerkmal in § 226 I StGB für diesen Fall:

T sticht O mit einem Messer in den Rücken. Dabei wird eine Niere so schwer verletzt, dass sie versagt.
Hat T sich wegen einer schweren Körperverletzung gem. § 226 I StGB strafbar gemacht?

§ 226 Schwere Körperverletzung
(1) Hat die Körperverletzung zur Folge, daß die verletzte Person
1. das Sehvermögen auf einem Auge oder beiden Augen, das Gehör, das Sprechvermögen oder die Fortpflanzungsfähigkeit verliert,
2. ein wichtiges Glied des Körpers verliert oder dauernd nicht mehr gebrauchen kann oder
3. in erheblicher Weise dauernd entstellt wird oder in Siechtum, Lähmung oder geistige Krankheit oder Behinderung verfällt,

so ist die Strafe Freiheitsstrafe von einem Jahr bis zu zehn Jahren.

Aufgabe 2: Formulieren Sie den Streit aus Aufgabe 1 bis zur Erforderlichkeit der Stellungnahme.

1. Normaler Obersatz (Niere = Körperglied)

2. Definitionsvorschlag Ansicht I (jeder Körperteil, der mit einem anderen durch ein Gelenk verbunden)

Nach einer Ansicht ist ein Körperglied jeder Körperteil, der mit einem anderen durch ein Gelenk verbunden ist.

Subsumtion

Ergebnis für den konkreten Fall

Danach wäre die Niere kein Körperglied.

3. Definitionsvorschlag Ansicht II (auch sonstige äußere Körperteile)

Subsumtion

Ergebnis für den konkreten Fall

4. Definitionsvorschlag Ansicht III (eine in sich abgeschlossene Existenz mit besonderer Funktion im Gesamtorganismus)

Subsumtion

Ergebnis für den konkreten Fall

5. Stellungnahme erforderlich

Kapitel 11: Auslegung

1. Wofür brauche ich das Auslegen?

Jura ist eine Wissenschaft, die sich mit dem Verstehen und Erklären von Texten – vor allem von Gesetzen – beschäftigt. Um zu neuen Erkenntnissen zu gelangen, werden die Texte ausgelegt. Es ist Ihre wissenschaftliche Methode – so wie für die Chemie das Experiment. Statt Bunsenbrenner und Reagenzglas verwendet die Rechtswissenschaft den Wortlaut und die Systematik einer Norm. Das Auslegen erzielt keine eindeutigen, richtigen Ergebnisse, die anhand von Experimenten oder Naturgesetzen bewiesen werden können, aber vertretbare Lösungen. Das ist eine Erklärung für den Spruch: „Zwei Juristen, drei Meinungen."

Sie brauchen das Auslegen für alle unbestimmten Rechtsbegriffe, alles, worüber es einen Meinungsstreit geben kann (s. Kapitel 10). Hauptsächlich brauchen Sie es, um im Rahmen der Stellungnahme zu argumentieren oder Definitionen zu entwickeln. Für das Auslegen von Willenserklärungen und Verträgen gibt es eigene Auslegungsmethoden, welche am Ende des Kapitels erläutert werden.

2. Wo lege ich aus?

Die richtige Position in Ihrem Gutachten hängt davon ab, was Sie auslegen. Ein Tatbestandsmerkmal legen Sie in der Definition aus. Einen Vertrag oder das Verhalten von Personen in der Subsumtion, in die Definition gehören dann die Auslegungskriterien.

3. Wie lege ich aus?

Anders als bei der Auslegung von Literatur ist der Auslegungsrahmen bei Gesetzen begrenzter. Um das Auslegen von Gesetzen zu regeln, gibt es daher eigene Methoden, die zwar nicht abschließend sind, an denen Sie sich aber orientieren können.

Zum klassischen Canon gehören die vier Methoden von Friedrich Carl von Savigny:

- Wortlaut-Auslegung
- Systematische Auslegung
- Geschichtliche Auslegung
- Auslegung nach dem Sinn und Zweck des Gesetzes

Dazu kommen:

- Verfassungskonforme Auslegung
- Richtlinienkonforme Auslegung

Stellen Sie sich ein Schild an einem Krankenhaus vor: *Hunde* haben keinen Zutritt. Dürfen Kängurus und Katzen hinein?

Der Wortlaut „Hunde“ ist eindeutig. Danach dürften Kängurus und Katzen problemlos ins Krankenhaus. Man könnte beim Wortlaut zwar an Seehunde oder unangenehme Menschen denken (ginge es um ein Gedicht, wäre das durchaus möglich), bei einer juristischen Auslegung ist das aber Quatsch.

Im Rahmen der Systematik würden Sie sich nach weiteren Verbotsschildern im Krankenhaus umschauen, um daraus Schlüsse zu ziehen. Natürlich ist es in diesem Fall nicht besonders hilfreich, wenn auch Rollschuhfahren verboten ist. Es muss also nicht sein, dass Sie jede Methode bei jeder Auslegung anwenden.

Nach der geschichtlichen Auslegung würden Sie herausfinden, warum das Schild ursprünglich aufgehängt wurde, was also der damalige Anlass war. Vielleicht waren Hunde vorher erlaubt und das sollte geändert werden. Dass jemand einmal mit einem Känguru oder eine Katze käme, konnte man wohl nicht absehen.

Der Sinn und Zweck des Schildes besteht darin, die Hygiene im Krankenhaus zu sichern. Dieser Zweck kann nur eingehalten werden, wenn Tiere keinen Zutritt haben. Nach dieser Methode hätten Kängurus und Katzen keinen Zutritt. Sie sehen, man kann mit der Auslegung sogar über den Wortlaut „Hunde“ auslegen, das nennt man Analogie (s. Kapitel 12).

Im Rahmen der verfassungskonformen Auslegung lesen Sie das Grundgesetz. Sollten Sie auf einen Artikel stoßen, der „Kängurus haben Zutritt zu allen Krankenhäusern“ beinhaltet, würden Sie das Schild so auslegen, dass alle Tiere außer Kängurus keinen Zutritt haben.

Ausschlaggebend ist hier der Sinn und Zweck der Vorschrift. Eine andere Auslegung wäre sinnlos.

3.1 Wie lege ich nach dem Wortlaut aus?

Mit dieser Methode ermitteln Sie die Bedeutung einzelner Wörter, daher beginnen Sie mit dieser Methode. Sie wird auch grammatische Auslegung, Wort-, Text- oder Sprachinterpretation genannt.

Merke: Wortlaut fragt nach der Bedeutung eines Wortes.

Als erstes finden Sie heraus, was das Wort im alltäglichen Sprachgebrauch bedeutet, also wie es im privaten Bereich am häufigsten verwendet wird. Der alltägliche Sprachgebrauch hat in der juristischen Auslegung Bedeutung, weil Gesetze das Zusammenleben regeln und die Begriffe auch dem Laien verständlich sein sollen. Um die Bedeutung im alltäglichen Sprachgebrauch herauszufinden, können Sie Ihr Sprachgefühl benutzen – oder ein Wörterbuch. In Wörterbüchern entspricht die erste aufgeführte Bedeutung meist der häufigsten Verwendung im privaten Bereich. Allerdings ist der alltägliche Sprachgebrauch nur eine Quelle, es kann also sein, dass das gleiche Wort in der juristischen Fachsprache eine andere Bedeutung hat, was die Gefahr birgt, Fachbegriffe nicht als solche zu identifizieren. Wenn Ihr Nachbar sich ein Ei „ausleihen“ möchte, ist dies keine Leihe, sondern eine Schenkung. Für eine Leihe müsste er dasselbe Ei zurückgeben. Gibt er ein anderes zurück, wäre das ein Darlehen.

Als nächstes finden Sie jede Bedeutung heraus, die noch in dem Wort steckt. Sie klären also, was das Wort außerhalb des alltäglichen Sprachgebrauchs noch für Bedeutungen hat. Auch hier kann ein Wörterbuch helfen, da es alle Bedeutungen bis zur maximalen Wortbedeutung auflistet. Auch mehrdeutige Wörter gehören hierher, so kann ein „Banküberfall“ zum Beispiel auch ein „Parkbanküberfall" sein. Allerdings können Sie diese Bedeutungen meistens noch im Rahmen des Wortlauts durch den Kontext ausschließen.

Wortlaut-Auslegung

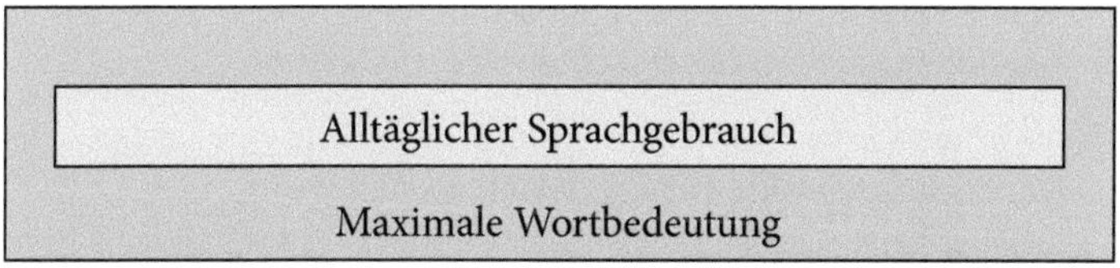

Zur maximalen Wortbedeutung gehören auch fachliche Bedeutungen aus anderen Wissenschaften, Berufs- oder Fachsprachen. Seine juristische Bedeutung erlangt der Begriff erst nach Beendigung aller Auslegungsmethoden.

Die Grenze des Wortlauts dürfen Sie nicht überschreiten, denn Gesetze, an deren Wortlaut man sich nicht hält, wären überflüssig. Von diesem Grundsatz gibt es zwei Ausnahmen und zwar die Analogie und die teleologische Reduktion (s. Kapitel 13).

Wenn Sie in diese drei Richtungen überlegt haben und es gibt nur eine Bedeutung, ist die Auslegung beendet. Nur wenn Sie auf mehrere Möglichkeiten kommen, dürfen Sie die anderen Auslegungsmethoden anwenden. Es kommt daher nur zu einem Meinungsstreit, wenn der Wortlaut nicht eindeutig ist. Einzige Ausnahme ist die Analogie, die auch einen Meinungsstreit bei eindeutigem Wortlaut ermöglicht.

Beispiel: Der Nierenfall (s. Kapitel 9) – ist die Niere ein Körperglied?
Legt man Körperglied nach dem Wortlaut aus, gibt es drei juristische Definitionsvorschläge.

- → Jeder Körperteil, der durch ein Gelenk verbunden ist (allgemeiner Sprachgebrauch).
- → Auch sonstige äußere Körperteile, die nicht gelenkverbunden sind (maximale Wortbedeutung).
- → Eine in sich abgeschlossene Existenz mit besonderer Funktion im Gesamtorganismus (maximale Wortbedeutung).

In diesem Auszug aus dem Dudenwörterbuch sehen Sie auf welche Bedeutungen sich die Ansichten stützen:

Glied, das

a) (bei Mensch und Tier) beweglicher, durch ein Gelenk mit dem Rumpf verbundener Körperteil → **alltäglicher Sprachgebrauch**
b) (Anatomie) Gliedteil zwischen zwei Gelenken

c) äußeres männliches Geschlechtsorgan; Penis
d) eines der ineinandergreifenden Teilstücke, die zusammen eine Kette bilden → **maximale Wortbedeutung**
e) Teil eines Ganzen → **maximale Wortbedeutung**
    aa) Reihe einer angetretenen Mannschaft
    bb) (gehoben veraltet) Geschlechterfolge, Generation

Merke: Drei Anhaltspunkte für die Wortlautauslegung

1. Der alltägliche Sprachgebrauch
2. Andere Bedeutungen
3. Andere Fachdisziplinen (außer Rechtswissenschaft)

3.2 Wie lege ich systematisch aus?

Die systematische Auslegung erklärt das einzelne Wort durch den Kontext. Dazu ein Beispiel aus dem Alltag: Erzählt Ihnen jemand etwas über „Birne Helene“, könnte es sich um eine bestimmte Birnensorte handeln. Sagt die Person aber „Mein Lieblingsdessert ist Birne Helene“, macht der Kontext deutlich, dass es sich um einen Nachtisch handelt.

Für die systematische Auslegung lesen Sie den Kontext. Beginnen Sie mit den übrigen Tatbestandsmerkmalen, und arbeiten Sie sich „hoch“, also in die übrigen Nummern, Sätze, Absätze der Norm. Gehen Sie immer eine Ebene höher bis zum Gesetzbuch und zur Rechtsordnung insgesamt.

Die systematische Auslegung beruht auf dem Gedanken, dass die Rechtsordnung als Ganzes widerspruchsfrei ist und keine Norm einer anderen widerspricht. Das wird interessant, wenn ein Begriff an unterschiedlichen Stellen im selben Gesetzbuch oder in anderen Rechtsgebieten verwendet wird. Bedeutet er in einem anderen Kontext etwas anderes?

Beispiel für Kontext: § 224 I Nr. 2 StGB normiert, dass eine Körperverletzung in der Regel gefährlich ist, wenn eine Waffe oder ein anderes gefährliches Werkzeug verwendet wird. Was ist ein solches Werkzeug? Auch ein Schuh, wenn man mit diesem fest zutritt? Bei der systematischen Auslegung von Werkzeug muss berücksichtigt werden, dass das Ergebnis vergleichbar mit der gleichwertigen Alternative „Waffe“ sein muss.

Beispiele gleiches Wort anderer Ort: Sache bedeutet im Zivilrecht wie im Strafrecht dasselbe. „Gehören“ bedeutet im Strafrecht je nach Ort etwas anderes: In § 74 II Nr. 1 StGB bezieht es sich auf das Eigentum, in § 274 I Nr. 1 StGB auf das Beweisführungsrecht.

Merke: Die Bedeutung des Wortes hängt vom Kontext ab.

3.3 Wie lege ich historisch aus?

Die historische Auslegung fragt nach dem objektiven Willen des damaligen Gesetzgebers. Um diesen zu ermitteln, sind zwei Wege hilfreich:

→ Sie suchen die Vorgängernorm. Wenn es eine gibt, ermitteln Sie, warum es eine Neuregelung gegeben hat.

→ Sie suchen in den Gesetzesmaterialien den damaligen Sinn und Zweck der Norm oder andere Formulierungsvorschläge, die im Gesetzgebungsverfahren gemacht wurden.

Wenn Sie auf diesen beiden Wegen Quellen gefunden haben, legen Sie diese ebenfalls nach den Auslegungsmethoden aus. In den meisten Fällen wird die historische Quelle nach dem Wortlaut und Sinn und Zweck ausgelegt. Achten Sie dabei darauf, dass sich der alltägliche Sprachgebrauch geändert haben kann.

Um historisch auszulegen, brauchen Sie Quellen, daher nutzt Ihnen diese Methode in der Klausur in der Regel nicht.

Beispiel: Bei der Normierung des Körperglieds in §226 StGB wurde „Verstümmelung" vorgeschlagen. Verstümmelungen sind nur äußerlich, was gegen eine Einbeziehung innerer Organe spricht. Auf diese Formulierung bezieht sich die Ansicht, die äußere Körperteile als Körperglieder ansieht, wie Ohren.

Merke: Die historische Auslegung fragt nach der Entstehungsgeschichte der Norm.

3.4 Wie lege ich nach dem Sinn und Zweck aus?

Sie finden heraus, was der Gesetzgeber mit der einzelnen Norm oder dem Gesetz erreichen will und legen so aus, dass das Ergebnis diesen Zweck erfüllt, Ihre Auslegung *sinnvoll* ist. Diese Auslegung wird auch teleologische Auslegung genannt.

Beispiel: Sinn und Zweck der schweren Körperverletzung ist es, das Opfer vor schweren Verletzungen zu schützen. Der Verlust eines inneren Organs kann sogar schwerwiegender sein als der Verlust eines äußeren. Der Zweck kann nicht erfüllt werden, wenn die Niere kein Körperglied ist.

Merke: Erfüllt die Auslegung des Wortes den Sinn der Norm?

3.5 Wie finde ich den Sinn und Zweck?

Wenn Ihnen kein spezieller Sinn der Norm einfällt, können Sie auch auf übergeordnete Zwecke abstellen, wie Gerechtigkeit und Rechtssicherheit. Diese Prinzipien wurden in den einzelnen Rechtsgebieten, Gesetzbüchern und Vorschriften näher konkretisiert. Für jedes Rechtsgebiet gibt es besondere Ziele, die Sie in Ihrem Gutachten verwenden können.

Zivilrecht	• Privatautonomie • Schutz des Rechtsverkehrs (Abschließen von Rechtsgeschäften erleichtern) • Schutz einzelner Personengruppen (Minderjährige, Verbraucher etc.) • Ausgleichende Gerechtigkeit
Strafrecht	• Opferschutz (erhöhte Gefährlichkeit höher bestrafen) • Spezial-General-Prävention • Sühne-Funktion • Verantwortungsprinzip (den Täter nur dafür zu bestrafen, wofür er verantwortlich ist)
Öffentliches Recht	Staatsprinzipien gem. Art. 20 I, III GG[11]: • Rechtsstaat (Gewaltenteilung, Bestimmtheitsgrundsatz, …) • Demokratie (Volkssouveränität, repräsentative Demokratie, …) • Bundesstaat (Gewalt aufgeteilt auf Bund und Länder, … • Sozialstaat (Schwächere werden von den Stärkeren geschützt)
➔ Grundrechte	➔ Freiraum des Bürgers ohne Staat ➔ Gleichheit ➔ Schutzpflichten des Staates gegenüber dem Volk
➔ Polizei und Ordnungsrecht	Gefahrenabwehr

[11] Genaueres hierzu: Hildebrand, Wissenstraining Jura, Teil 3: Öffentliches Recht, Kapitel 2: Staatsprinzipien.

3.6 Wie lege ich verfassungskonform aus?

Unsere Gesetze sind hierarchisch aufgebaut, an der Spitze steht das Grundgesetz. Daher legen Sie Gesetze so aus, dass sie nicht gegen höherrangiges Recht verstoßen. Können Sie unterschiedlich auslegen, wählen Sie die Variante, die mit höherrangigem Recht vereinbar ist.

Beispiel: Gem. § 76 I Nr. 2 BVerfGG muss der Antragsteller, der eine Norm vom Bundesverfassungsgericht kontrollieren lassen möchte, diese für nichtig halten. Gem. Art. 93 I GG genügen Zweifel. Es besteht also ein Widerspruch zwischen einem Bundesgesetz und einer Verfassungsnorm. Nach einer verfassungskonformen Auslegung könnte man sagen, dass „Fürnichtighalten" ein Beispiel für besonders starken Zweifel ist und somit kein Widerspruch.

Merke: Was gegen höherrangiges Recht verstößt, ist nicht gut ausgelegt.

3.7 Wie lege ich richtlinienkonform aus?

Die verfassungskonforme und die richtlinienkonforme Auslegung funktionieren auf die gleiche Art. Grundsätzlich soll das Gesetz nicht gegen EU-Richtlinien verstoßen, allerdings besteht hier kein Unterordnungsverhältnis, sondern ein Kooperationsverhältnis.

3.8 In welcher Reihenfolge lege ich aus?

Die Auslegungsmethoden sind nebeneinander zulässig und ergänzen sich gegenseitig.[12] Gedanklich kann es aber hilfreich sein, nach einer Reihenfolge vorzugehen, da die Methoden aufeinander aufbauen.

In aller Regel beginnt die Auslegung mit dem Wortlaut und zwar schon deshalb, weil das sprachlich Mögliche die Grenze absteckt, was ausgelegt werden kann.[13] Das Wort ist die kleinste Einheit des Texts.

Vom einzelnen Wort ziehen Sie als nächstes aus dem Kontext Rückschlüsse auf die Bedeutung des Wortes. Der Kontext ist die aktuelle Rechtslage, die Sie kennen müssen, bevor Sie in die Vergangenheit gehen.

---

12 BGHZ 46, 74.
13 BGHZ 46, 74.

Lesen Sie als nächstes über die Entstehungsgeschichte des Wortes und seiner Norm, vielleicht lassen sich aus der Vergangenheit weitere Schlüsse auf die Bedeutung ziehen.

Wenn Sie wissen, was damals gewollt war, können Sie leichter verstehen, was heute gewollt ist. Mit diesem Wissen legen Sie nach Sinn und Zweck aus.

Aufgrund der hierarchischen Struktur von Gesetzen schließt die Auslegung (im deutschen Rahmen) mit der verfassungskonformen Auslegung. Erst dann prüfen Sie die Richtlinienkonformität.

Vorschlag zur Reihenfolge der Auslegungsmethoden

Bedeutung des Wortes

Was sagt der Kontext über die Bedeutung des Wortes?

Wie hat man das Wort in der alten Fassung ausgedrückt? Welche Formulierungsvorschläge gab es noch?

Welche Auslegung des Wortes erfüllt den Sinn und Zweck der Norm?

Ist das Wort mit höherrangigem Recht vereinbar?

3.9 Lege ich in der Klausur nach allen Methoden aus?

Probieren Sie in der Klausur gedanklich alle Methoden aus, auch wenn diese nicht bei jeder Norm zu einem Ergebnis führen. Sollten Sie auf ein Ergebnis kommen, gehört diese Auslegungsmethode in Ihr Gutachten. Die anderen können Sie weglassen. In einer Klausur werden Sie regelmäßig auf die historische Auslegung verzichten, denn für diese brauchen Sie Literatur, es sei denn, Sie kennen zufällig die Entstehungsgeschichte der Norm.

In der Klausur brauchen Sie keine Reihenfolge der Methoden zu beachten. Es kommt darauf an, das stärkste Argument an den Schluss zu setzen.

4. Wie lege ich Willenserklärungen und Verträge aus?

Verträge und Willenserklärungen legen Sie nicht mit den „normalen" Methoden aus. Auch hier beginnen Sie mit dem Wortlaut, allerdings ist dieser nicht so ausschlaggebend wie beim Auslegen von Normen. Dies ergibt sich aus

§ 133 BGB: wichtiger als der Wortlaut ist der wirkliche Wille. Hat die Person also etwas anderes erklärt, als sie gewollt hat, versuchen Sie den wirklichen Willen herauszufinden.

§ 133 BGB
Bei der Auslegung einer Willenserklärung ist der wirkliche Wille zu erforschen und nicht an dem buchstäblichen Sinne des Ausdrucks zu haften.

Ein weiteres Kriterium zur Auslegung ergibt sich aus § 157 BGB, nämlich Treu und Glauben und die Verkehrssitte. Nach dieser Norm ist also ausschlaggebend, wie ein objektiver Empfänger die Erklärung verstehen würde, der wirkliche Wille des Erklärenden ist nicht von Belang. Der Begriff *objektiver Empfängerhorizont* ist nicht ausdrücklich erwähnt, sondern ergibt sich durch Auslegung von Treu und Glauben und der Verkehrssitte. Maßstab ist also wie man sich üblicherweise (Treu und Glauben, Sitte) in der Gesellschaft ((Geschäfts-)Verkehr) verhält. Interpretiert wird also aus der Perspektive der Gesellschaft, also vom Empfänger aus. Daraus ergibt sich der objektive Empfängerhorizont.

§ 157 BGB
Verträge sind so auszulegen, wie Treu und Glauben mit Rücksicht auf die Verkehrssitte es erfordern.

Beide Normen enthalten widersprüchliche Grundsätze: Die Auslegung nach dem wirklichen Willen gem. § 133 BGB schützt den Erklärenden und die Privatautonomie. Die Auslegung nach der Verkehrssitte schützt dagegen den Rechtsverkehr und den Empfänger. Sollte der Empfänger nicht schutzwürdig sein, weil der Fehler in seiner Sphäre liegt, ist der wirkliche Wille des Empfängers nicht ausschlaggebend, es sei denn, Empfänger und Erklärender machen denselben Fehler.

Beispiel: K bestellt bei V „Haakjöringsköd“. Beide gehen davon aus, dass Haakjöringsköd Walfischfleisch bedeutet, in Wahrheit bezeichnet dieses Wort Haifischfleisch auf Norwegisch. Wurde ein Kaufvertrag geschlossen und wenn ja, worüber? Legt man die Willenserklärungen von K und V nach dem objektiven Empfängerhorizont aus, enthalten die Erklärungen jeweils Haifischfleisch. Nach dem wahren Willen allerdings Walfleisch. Was ist ausschlaggebend? Normalerweise ist der Empfängerhorizont ausschlaggebend, weil die Sicherheit im Rechtsverkehr geschützt werden soll. Allerdings braucht dieser hier nicht geschützt werden, weil er nicht in Gefahr ist: Beide sind sich einig. Zudem ist nach § 133 BGB nicht am buchstäblichen Sinn des Ausdrucks zu haften. Somit kommt der Vertrag über Walfleisch zustande.

Aufgaben

Aufgabe 1: Finden Sie den Sinn und Zweck der folgenden Normen.

a) § 766 BGB Schriftform der Bürgschaftserklärung
Zur Gültigkeit des Bürgschaftsvertrags ist eine schriftliche Erteilung der Bürgschaftserklärung erforderlich.
Sinn und Zweck: ____

____

b) § 355 BGB Widerrufsrecht bei Verbraucherverträgen
(1) Wird einem Verbraucher durch Gesetz ein Widerrufsrecht nach dieser Vorschrift eingeräumt, so ist er an seine auf den Abschluss des Vertrags gerichtete Willenserklärung nicht mehr gebunden, wenn er sie fristgerecht widerrufen hat.
Sinn und Zweck: ____

____

____

c) Was ist Sinn und Zweck der abstrakten Normenkontrolle gem. Art. 93 I Nr. 2, 2a GG, §§ 13 Nr. 6, 76 ff. BVerfGG?
Sinn und Zweck: ____

____

____

Aufgabe 2: M ist Madagasse und lebt in Deutschland. Er möchte gerne Fernsehen aus seiner Heimat empfangen. Dafür bringt er eine Satellitenschüssel an seinem Haus an. Sein Vermieter findet das hässlich und verbietet es. M besteht auf seinen Wunsch. Wer hat Recht?

§ 535 BGB
(1) Durch den Mietvertrag wird der Vermieter verpflichtet, dem Mieter den Gebrauch der Mietsache während der Mietzeit zu gewähren. Der Vermieter hat die Mietsache dem Mieter in einem zum vertragsgemäßen Gebrauch geeigne-

ten Zustand zu überlassen und sie während der Mietzeit in diesem Zustand zu erhalten. Er hat die auf der Mietsache ruhenden Lasten zu tragen.

Artikel 5 GG
(1) Jeder hat das Recht, seine Meinung in Wort, Schrift und Bild frei zu äußern und zu verbreiten und sich aus allgemein zugänglichen Quellen ungehindert zu unterrichten.

Aus dem Wortlaut des § 535 I BGB ergibt sich kein Recht des M an der Hauswand eine Satellitenschüssel anzubringen. Allerdings normiert Art. 5 I GG, dass ______________________________

____

____

____

Aufgabe 3: Füllen Sie die Lücken unter der Verwendung der folgenden Begriffe und ordnen Sie die Sätze den Auslegungsmethoden zu.

> Sinn und Zweck, historisch, Regelung, alltäglich, Wortlaut, Formulierung, Gesetzgebungsverfahren, Anwendungsbereich.

a) Der ______________-zusammenhang lässt darauf schließen, dass … (systematische Auslegung)

b) Ausgangspunkt jeder Auslegung ist der ______________ der Bestimmung. (______________)

c) Einen ersten Anhaltspunkt gibt bereits die ______________ des Gesetzes, die sich auf XY beschränkt, und somit nur …. zulässt. (______________)

d) Den Regelungen, die die Norm umgeben, ist zu entnehmen, dass sich der ______________ der Norm nur auf …, nicht aber auf … erstrecken soll. Andernfalls wäre nicht verständlich, warum … (______________)

e) Die ______________ Auslegung bleibt unergiebig. Der Gesetzgeber hat das Problem nicht sehen können. (______________)

f) Im ______________ Sprachgebrauch versteht man unter …. (______________)

g) Von der im ______________ vorgeschlagenen Formulierung hat der Gesetzgeber lediglich aus stilistischen Gründen Abstand genommen, inhaltlich wollte er aber nichts anderes ausdrücken. Daraus lässt sich schließen, dass … (____)

h) ____________________________ der Vorschrift liegen allerdings darin, …. zu gewährleisten. (____)

Aufgabe 4: B möchte seinem Freund F helfen, eine teure Wohnung zu mieten. Deswegen bürgt B für ihn. Leider weiß F noch nicht, wie viel die Wohnung kosten wird. B überreicht F eine Bürgschaftsurkunde mit der Bemerkung, F könne die Summe einfach später eintragen. Geht das?

Sinn und Zweck des Schrifterfordernisses ist ____

____

____

Aufgabe 5: K will per E-Mail bei V drei Flaschen Wein à 12 € bestellen, er vertippt sich aber und bestellt unabsichtlich acht Flaschen Wein. V liefert die acht Flaschen. K weigert sich zu bezahlen. V verlangt Zahlung. Welchen Inhalt hat das Angebot des K?

Fraglich ist, über wie viele Flaschen Wein K dem V ein Angebot gemacht hat. Willenserklärungen werden gem. §§ 133, 157 BGB nach dem wirklichen Willen und dem objektiven Empfängerhorizont ausgelegt.

1. Auslegung nach dem wirklichen Willen gem. § 133 BGB

____

____

2. Auslegung nach dem objektiven Empfängerhorizont gem. § 157 BGB

____

____

3. Stellungnahme

Die Auslegungsmethoden gelangen zu unterschiedlichen Ergebnissen. Die Auslegung nach dem wirklichen Willen schützt _______________________(a). Die Auslegung nach dem objektiven Empfängerhorizont schützt _________(b). Letzterer ist in diesem Fall schutzwürdiger, der Fehler fällt in die Sphäre des K. Dafür hat K ein Anfechtungsrecht nach § 119 I Alt. 2 BGB wegen eines Erklä-

rungsirrtum. Diese Norm wäre überflüssig, wenn bei diesem Irrtum der wahre Wille zählte.
Somit ist die Erklärung nach dem objektiven Empfängerhorizont ausschlaggebend.
K hat dem V somit ein Angebot über __________(c) Flaschen Wein gemacht.

Aufgabe 6: Ordnen Sie die Argumente den Auslegungsmethoden zu.

Öffentliches Recht
Wenn das Bundesverfassungsgericht eine Norm abstrakt kontrolliert, ist umstritten, was der Antragsteller von dieser Norm halten muss. § 76 I BVerfGG fordert, dass er diese für nichtig halten muss, Art. 93 GG hingegen lässt Zweifel genügen. Bei der Antragsbefugnis prüfen Sie, was der Antragssteller über die zu kontrollierende Norm denkt. Wenn er die Norm für nichtig hält, gelangen alle Ansichten zu gleichen Ergebnissen. Wenn er lediglich Zweifel an der Verfassungsmäßigkeit der Norm hat, müssen Sie den Meinungsstreit ausformulieren.

a) Die Hürde zur Überprüfung „schlechter" Normen ist bereits durch den Kreis der Antragsteller sehr begrenzt möglich. Daher sollen die restlichen Anforderungen möglichst gering sein. Daher könnten Zweifel an der Norm genügen.
Auslegungsmethode: Sinn und Zweck

b) Das Grundgesetz erlaubt in Art. 94 II GG, das ein Bundesgesetz das Verfahren des Bundesverfassungsgerichts regelt. Diese Norm macht nur Sinn, wenn der Bundesgesetzgeber auch das Recht hat, anders zu entscheiden als das Grundgesetz.
Auslegungsmethode: ______________________________

c) Das Fürnichtighalten ist lediglich ein besonders starker Zweifel. Daher gilt beides.
Auslegungsmethode: ______________________________

Strafrecht
Y schickt seine Kühe auf die Wiese des X, damit diese das Gras des X auf der Weide fressen. Ist das Gras auf einer Weide eine bewegliche Sache?

a) Vergleicht man diese Situation mit der Wegnahme bereits gemähten Grases, wäre dieses auf jeden Fall beweglich. § 242 StGB schützt Eigentum. Wäre ungemähtes Gras nicht erfasst, wäre dieses Eigentum schutzlos.
Auslegungsmethode: ______________________________

b) Für die Beweglichkeit kommt es nicht darauf an, ob das Gras für längere Zeit oder nur für eine Sekunde beweglich ist.
Auslegungsmethode: ______________________________

c) Vergleichbar ist auch die Situation mit Früchten auf einem Obstbaum, welche fest mit diesem verbunden sind. Würden diese etwa von einem Unberechtigten abgeerntet werden, könnten Strafbarkeitslücken entstehen, wenn den Früchten die Eigenschaft der Beweglichkeit abgesprochen würde.
Auslegungsmethode: ______________________________

Kapitel 12: Juristisches Argumentieren

1. Wofür brauche ich juristische Argumentationstechniken?

Die Argumentationstechniken ergänzen die Auslegungsmethoden. Daher können Sie in allen Fällen, in denen Sie auslegen, auch diese Techniken anwenden. Mit diesen argumentieren Sie in einer Stellungnahme und punkten zusätzlich.

In diesem Kapitel werden vier Techniken vorgestellt:

→ Analogieschluss
→ Umkehrschluss
→ Erst-Recht-Schluss
→ Schluss zum Absurden (Folgebetrachtung)

2. Wann ziehe ich einen Analogieschluss?

Ähnliche Fälle sollten gleich behandelt werden, das ist Gerechtigkeit. Wenn Ihr Fall vom Wortlaut der Norm nicht erfasst ist, aber dem geregelten Fall ähnelt, dann können Sie – unter bestimmten Voraussetzungen – die Norm dennoch anwenden und zwar mit dem Analogieschluss. Das Besondere der Analogie ist, dass sie eine Anwendung außerhalb des Wortlauts ermöglicht und so neues Recht schafft. Sie ist keine reine Argumentationstechnik, sondern eine Rechtsfortbildung.

Merke: Die Analogie behandelt zwei ähnliche Fälle gleich.

Eine Analogie funktioniert nur unter der Voraussetzung, dass der Gesetzgeber vergessen hat, den Fall zu regeln (planwidrige Regelungslücke) und die Fälle ähnlich sind (gleiche Interessenlage).

Die Herausforderung einer Analogie ist es, festzustellen, ob sich die beiden Fälle so sehr ähneln, dass eine Übertretung der Wortlautgrenze gerechtfertigt ist. Die Fälle müssen sich gerade in der Eigenschaft ähneln, die die Rechtsfolge auslöst. Ob das so ist, finden Sie heraus, indem Sie einen abstrakten Rechtssatz außerhalb des Wortlautes der Norm finden, der beide Fälle umfasst. Dieser Satz macht den Analogieschluss erst zu einem logischen Schluss.

Beispiel: Auf einem Schild an einem Krankenhaus steht: Hunde haben keinen Zutritt. Dürfen Kängurus und Katzen hinein?
Sinn und Zweck des Schildes ist es, die Hygiene im Krankenhaus zu sichern, so dass es auch Kängurus und Katzen nicht erlaubt ist, einzutreten. Die Grenze des Wortlautes „Hunde" wird also überschritten und auf Tiere erweitert. Das können Sie mit einem Analogieschluss erreichen.

Abstrakter Rechtssatz, der beide Fälle umfasst:
Tiere dürfen nicht in das Krankenhaus.

Analogieschluss:
Das Schild wird somit analog auf Kängurus und Katzen angewendet.

Eine weitere Herausforderung der Analogie besteht darin, festzustellen, ob die Regelungslücke planwidrig ist. Abgesehen von ausdrücklichen Erwähnungen in den Gesetzesmaterialien (die in einer Klausur nicht zur Verfügung stehen) gibt es kein Kriterium, ob eine Regelungslücke als planwidrig oder als beredtes Schweigen anzusehen ist. Damit bleibt es Ihnen überlassen, Gründe für die eine oder andere Entscheidung zu finden. Ein Satz wie: „Von einer Regelungslücke ist auszugehen" reicht nicht aus, hier können Sie anhand der Auslegungsmethoden, vor allem mit dem Sinn und Zweck der Norm, argumentieren.

2.1 Darf ich im Strafrecht über den Wortlaut auslegen?

Das Strafrecht hat die schärfsten Rechtsfolgen, so dass es ungerecht sein kann, die Rechtsfolgen auf Ihren ungeregelten Fall zu übertragen. Allerdings gilt das nicht für täterfreundliche Auslegungen. Im Gegenteil, der Betroffene wird sich über eine großzügigere Handhabung freuen.

Wortlautauslegung im Strafrecht

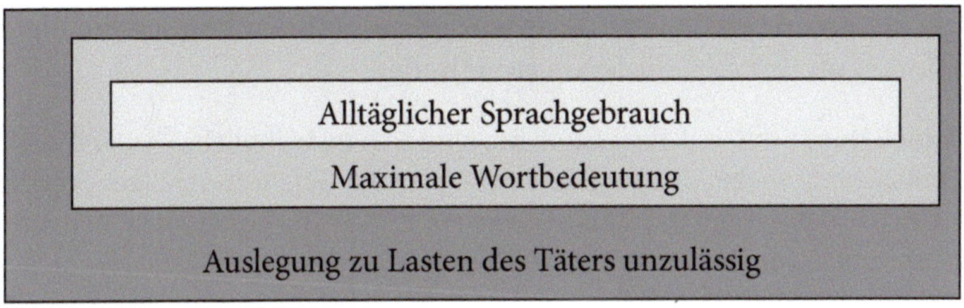

Beispiel: Nach § 16 I StGB handelt ohne Vorsatz, wer sich über Tatumstände irrt, die zum gesetzlichen Tatbestand gehören. § 16 I StGB kann analog angewendet werden, wenn der Täter irrig davon ausgeht, dass ein Rechtfertigungsgrund vorliegt, weil es für den Täter von Vorteil ist.

3. Was ist eine teleologische Reduktion?

Es kann sein, dass der Wortlaut einer Norm zu weit ist, so dass diese nicht sinnvoll ist. Dann können Sie den Wortlaut verkleinern, also reduzieren.

Beispiel: An einem Krankenhaus hängt ein Schild: „Lebewesen haben keinen Zutritt." Dann können auch Menschen nicht hinein. Das Schild wäre sinnfrei. Daher reduzieren wir wegen des Sinn und Zweck des Schildes den Wortlaut auf „Tiere" und verkleinern ihn so.

4. Wann ziehe ich einen Umkehrschluss?

Der Umkehrschluss sagt eigentlich – zwar elegant – nichts anderes als: was nicht von der Norm erfasst ist, ist nicht erfasst. Damit bestätigt der Umkehrschluss die Wortlautgrenze und ist im Grunde kein echter Schluss. Beim Umkehrschluss fallen zwei Fälle, obwohl sie sich ähneln, nicht unter eine Norm. Dieser Schluss ist damit das Gegenteil der Analogie. Hinter dem Umkehrschluss steht die Idee, dass das Gesetz vollständig ist, dass der ungeregelte Fall also aus guten Gründen nicht geregelt ist.

Beispiel: „Hunde ohne Maulkorb haben keinen Zutritt", steht an einer Metzgerei. Wenn Hunde ohne Maulkorb keinen Zutritt haben, so sind im Umkehrschluss Hunde mit Maulkorb gestattet.

Sie wenden den Umkehrschluss an, wenn Sie zwei ähnliche Fälle haben, wobei der eine nicht von der Norm erfasst wird. Kombinieren können Sie die Argumentationen oft mit den Auslegungsmethoden.

Beispiel: Hunde mit und ohne Maulkorb sind sich zwar ähnlich, Sinn und Zweck des Verbotsschilds an der Metzgerei ist es aber, vor der Gefahr zu schützen, gebissen zu werden. Ein Hund mit Maulkorb kann nicht beißen. Daher brauchen diese im Umkehrschluss auch nicht erfasst werden.

Merke: Der Umkehrschluss behandelt zwei ähnliche Fälle nicht gleich.

Den Umkehrschluss können Sie allerdings nur bei abschließenden Aufzählungen, nicht bei beispielhaften, ziehen.

Alltags-Beispiel: „Ich bin allergisch gegen Mandeln, Kiwis und Milch", bedeutet im Umkehrschluss, dass die Person gegen alle anderen Lebensmittel nicht allergisch ist. Sagt derjenige aber: „Ich bin gegen einige Lebensmittel allergisch, besonders gegen Mandeln, Kiwis und Milch", funktioniert dieser Schluss nicht.

Beispiel: Die Auflistungen der Regelbeispiele im Strafrecht sind nicht abschließend, es kann auch ein besonders schwerer Fall vorliegen, obwohl er unbenannt ist.

Merke: Umkehrschluss nicht bei Beispielen, nur bei abschließender Aufzählung.

4.1 Wie unterscheide ich eine abschließende von einer beispielhaften Aufzählung?

Am Wortlaut. Unterschiedliche Formulierungen leiten eine beispielhafte Aufzählung ein: „in der Regel", „insbesondere", „ist im Zweifel anzunehmen, wenn …"

4.2 Widersprechen sich Umkehrschluss und Analogieschluss?

Umkehr- und Analogieschluss haben gemeinsam, dass sie zwei ähnliche Fälle vergleichen. Gegen jeden Analogieschluss könnte also der Umkehrschluss stehen, nach dem Motto „wenn es im Gesetz nicht geregelt ist, heißt das im Umkehrschluss, dass es nicht geregelt werden soll" und eine analoge Ausweitung per se unzulässig ist.

Das stimmt nur auf den ersten Blick, denn eine Analogie ist nur anwendbar, wenn die Gesetzeslücke planwidrig ist. Wenn der Gesetzgeber vergessen hat, den Fall zu regeln, also planwidrig handelte, können Sie nicht mit dem Umkehrschluss argumentieren.

Merke: Schweigt das Gesetz, verneint es (Umkehrschluss). Es sei denn, der Gesetzgeber hat vergessen, zu sprechen (Analogieschluss).

5. Wann ziehe ich einen Erst-Recht-Schluss?

Beim Erst-Recht-Schluss liegen zwei gleiche Fallgruppen vor, nur mehr bzw. weniger vom Gleichen. Wird ein großer Vorteil gewährt, dann erst recht ein kleiner. Wird ein kleiner Schaden geahndet, dann erst recht ein großer. Der Erst-Recht-Schluss schafft also kein neues Recht, sondern lotet den Wortlaut genauer aus.

Beispiele: Wenn es verboten ist, zu zweit auf einem Fahrrad zu fahren, dann ist es erst recht verboten zu dritt auf einem Fahrrad zu fahren. Wenn eine Körperverletzung strafbar ist, ist eine *schwere* Körperverletzung erst recht strafbar.

Es gibt zwei Varianten des Erst-Recht-Schlusses:
→ Schluss vom Mehr (im Gesetz) auf das Weniger (im Fall)
→ Schluss vom Weniger (im Gesetz) auf das Mehr (im Fall)

Eselsbrücke: Beim Erst-Recht-Schluss kann weniger mehr sein und andersherum.

6. Wann ziehe ich einen Schluss zum Absurden?

Wenn Sie den Vorschlag einer Ansicht auf verschiedene Fälle anwenden und dabei auf absurde Ergebnisse stoßen, haben Sie ein Gegenargument gefunden. Man betrachtet bei dieser Technik die Folgen genauer, daher wird dieser Schluss auch „Folgenbetrachtung" genannt. Dieser Schluss kommt im Vergleich zu den anderen selten vor.

Beispiel: Nach einer Ansicht kann ein unbeweglicher Gegenstand ein gefährliches Werkzeug gem. § 244 I Nr. 1 a StGB sein. Auch ein Berg ist ein unbeweglicher Gegenstand, diesen als Werkzeug zu bezeichnen ist absurd.

Merke:

1. Analogieschluss
Zwei ähnliche Fälle werden gleich behandelt.

2. Umkehrschluss
Zwei ähnliche Fälle werden nicht gleich behandelt.

3. Erst-Recht-Schluss
Weniger kann mehr sein.

4. Schluss zum Absurden = absurde Ergebnisse

Aufgaben

Aufgabe 1: Verkäufer V erzählt Käufer K, das Cabriolet sei „tiptop in Ordnung", obwohl er genau weiß, dass das Dach kaputt ist, was auch sehr gut zu sehen ist. K bemerkt dies grob fahrlässig nicht.

§ 442 BGB

(1) Die Rechte des Käufers wegen eines Mangels sind ausgeschlossen, wenn er bei Vertragsschluss den Mangel kennt. Ist dem Käufer ein Mangel infolge grober Fahrlässigkeit unbekannt geblieben, kann der Käufer Rechte wegen dieses Mangels nur geltend machen, wenn der Verkäufer den Mangel arglistig verschwiegen oder eine Garantie für die Beschaffenheit der Sache übernommen hat.

a) Welches Wort aus § 442 BGB passt nicht recht zum Fall?

____

b) Wie kann man den Fall trotzdem unter das Gesetz subsumieren?

____

c) In der Klausur müssten Sie begründen. Wie?

(1) Sinn und Zweck des § 442 BGB ist es, den Käufer vor ______________ zu schützen, was auch in diesem Fall vorliegt.

(2) Wenn arglistiges Verschweigen erfasst ist, ist arglistiges Erklären ________ ________ erfasst.

Aufgabe 2: Ordnen Sie die Fälle einem Erst-Recht-Schluss zu.

		Vom Mehr auf das Weniger	Vom Weniger auf das Mehr
a)	Ist eine betrügerische Vermögensschädigung um 50 000 € nach einem Gerichtsurteil ein besonders schwerer Betrug, gilt dies erst recht für 100 000 €.		
b)	Wenn eine vierwöchige Kündigungsfrist für die Kündigung gegenüber einem Arbeitnehmer zulässig ist, ist eine Kündigung mit dreimonatiger Kündigungsfrist erst recht zulässig.		
c)	Ein zwei Tonnen Abschleppseil zieht erst recht eine Tonne.		
d)	Wer ein Arbeitsverhältnis nach § 626 BGB aus wichtigem Grund fristlos kündigen kann, der darf erst recht fristgemäß kündigen.		
e)	Wenn § 904 S. 2 BGB Ersatzansprüche für das Eigentum gewährt, dann gilt dies erst recht für Schädigungen des Körpers oder der Gesundheit eines Dritten.		
f)	Wenn bei Vertragsverstößen im Arbeitsverhältnis die Streichung von Weihnachtsgeld vorgesehen ist, kann dieses erst recht gekürzt werden.		

Aufgabe 3: Ist die Niere ein Körperglied gem. § 226 I Nr. 2 StGB?

§ 226 I Nr. 1 StGB normiert abschließend innere Organe, so dass das Tatbestandsmerkmal Körperglied in § 226 I Nr. 2 StGB ____________________ als äußeres Körperteil auszulegen ist, sonst wäre die Nennung der inneren Organe in Nr. 1 überflüssig.

Aufgabe 4: Die langjährige Freundin des T wird wegen Betrugs gem. § 263 I StGB von der Polizei gesucht. T versteckt sie in seiner Wohnung, allerdings wird sie von der Polizei gefunden. T beruft sich in seiner Verteidigung darauf, dass gem. § 258 VI StGB straffrei ist, wer eine Strafvereitelung zugunsten eines Angehörigen begeht. Hat er Recht?

Ausdrücklich sind nur Angehörige erfasst. Sinn und Zweck des § 258 VI StGB ist es, das besondere Verhältnis unter Angehörigen zu schützen. Dieses Verhältnis steht sogar unter grundrechtlichem Schutz gem. Art. 6 I GG. Daraus lässt sich ______________ ableiten, dass nahestehende Personen, wie die langjährige Freundin F, gerade nicht erfasst sein sollen. T kann daher keine Straffreiheit gem. § 258 VI StGB erlangen.

Aufgabe 5: Wenn die gemeinschaftliche Begehung einer Körperverletzung mit einem Beteiligten gefährlich ist, dann ist sie ______________ mit mehreren Beteiligten gefährlich.

Aufgabe 6: Die Vorschriften, die das Handeln in fremdem Namen regeln, sind auf das Handeln unter falschem Namen ______________ (a) anzuwenden. In beiden Fällen wird nicht in eigenem Namen gehandelt.

Begründet werden kann dies unter anderem mit einem______________ (b) - Schluss: (b) Wer in fremdem Namen haftet, der haftet ______________(c) unter falschem Namen.

Aufgabe 7: Waffenfan W lässt in der Wohngemeinschaft eine Waffe versehentlich auf dem Tisch liegen. Mitbewohner M wurde gerade gekündigt. Als er die Waffe findet, begeht er Selbstmord.

Hat sich W wegen einer fahrlässigen Tötung durch Beihilfe strafbar gemacht? Die vorsätzliche Beihilfe zur Selbsttötung ist straffrei, somit ist die fahrlässige Beihilfe ______________________________ straffrei.

Aufgabe 8: Verein V hat seinen Sitz in Köln, möchte aber auch Sitze in Hamburg und München einrichten. Geht das?

Gem. § 7 II BGB sind mehrere Wohnsitze möglich. Fraglich ist, ob Vereine überhaupt wohnen. Der Titel des Abschnitts lautet „natürliche Personen". Ein Verein ist keine natürliche Person, somit spricht die Systematik gegen mehrere Sitze eines Vereins. Vereine sind also ________________ von § 7 II BGB nicht erfasst. Allerdings könnte man die Wortlautgrenze überschreiten und § 7 II BGB _______________ auf Vereine anwenden. Dann müsste eine planwidrige Regelungslücke bei gleicher Interessenlage vorliegen.

Aufgabe 9: Muss „sonst ein Werkzeug oder Mittel“ gem. § 250 I Nr. 1b StGB gefährlich sein, weil in Nr. 1 a Gefährlichkeit verlangt wird?

§ 250 StGB Schwerer Raub
(1) Auf Freiheitsstrafe nicht unter drei Jahren ist zu erkennen, wenn
1. der Täter oder ein anderer Beteiligter am Raub

a) eine Waffe oder ein anderes gefährliches Werkzeug bei sich führt,

b) sonst ein Werkzeug oder Mittel bei sich führt, um den Widerstand einer anderen Person durch Gewalt oder Drohung mit Gewalt zu verhindern oder zu überwinden.

Die Gefährlichkeit ist in Nr. 1a genannt, ist also ________________ in Nr. 1b nicht erforderlich.

Aufgabe 10: A hat sich von seinem Freund F einen antiken Wanderstock ausgeliehen. Als er im Wald spazieren geht, sieht er, wie eine Frau überfallen wird. Er schlägt den Angreifer nieder, dabei zerbricht der Wanderstock. Später stellt sich heraus, dass der Überfall nur für ein Theaterstück geprobt wurde. F verlangt Schadensersatz von A nach § 904 2 BGB. F kann Schadensersatz nach § 904 2 BGB verlangen, wenn sein Eigentum geschädigt wurde, um eine Gefahr abzuwenden. Dann kann er __________ Schadensersatz verlangen, wenn, wie hier, keine Gefahr vorgelegen hat.

Aufgabe 11: Auch eine Klippe, die ein Mensch hinabgestoßen wird, ist unbeweglich und wäre ein Werkzeug, was ein ____________________ Ergebnis ist.

Aufgabe 12: Ordnen Sie zu:

Umkehrschluss, Erst-Recht-Schluss, Analogieschluss, teleologische Reduktion

a) Auf einem Schild an einem Krankenhaus steht: „Hunde haben keinen Zutritt.“ Dürfen Kängurus hinein? Nur mit einem ____________________ und einem ____.

b) „Hunde ohne Maulkorb haben keinen Zutritt“, steht an einer Metzgerei. Dürfen Hunde mit Maulkorb hinein? Nur mit einem ______________________

____.

c) Eine fiktive Norm lautet: „Willenserklärungen müssen stets schriftlich sein.“ Gilt dies auch für Rechtsgeschäfte? Nur mit ____________________.

d) Dieses Mal lautet die fiktive Norm: „Rechtsgeschäfte müssen stets schriftlich sein.“ Kann die Norm ausschließlich für Willenserklärungen gelten? Nur mit ____.

Kapitel 13: Stellungnahme

1. Schreibe ich eine „Stellungnahme“ oder einen „Streitentscheid“?

Die Argumentation im Meinungsstreit wird teilweise „Stellungnahme“, teilweise „Streitentscheid“ genannt. „Streitentscheid“ impliziert, dass Sie den wissenschaftlichen Streit entscheiden und damit beenden. Daher sollten Sie diesen Begriff nicht verwenden.

Laut Dudenwörterbuch ist eine Stellungnahme „das Äußern seiner Meinung, eine Ansicht zu etwas oder eine geäußerte Meinung“. Sie küren die – nach Ihrer Meinung – wissenschaftlichste Ansicht, somit ist dieser Begriff passender.

2. Welcher Stil ist in der Stellungnahme angemessen?

Die Stellungnahme hat nicht die Funktion, den Fall zu lösen, sondern die Funktion, die Ansicht mit den überzeugendsten, wissenschaftlichsten Argumenten zu identifizieren. Die Argumentation ist nötig, um *danach* den Fall weiter zu lösen. In der Stellungnahme brauchen Sie keinen Gutachtenstil. Sie ist ein Exkurs in Ihrem Gutachten – den Sie ausnahmsweise führen dürfen. Die Stellungnahme wird auf wissenschaftlicher, abstrakter Ebene geführt, bringen Sie daher Ihren Fall nicht ein, es sei denn, als typisierendes Beispiel für eine ungerechte Behandlung.

Merke: Stellungnahme ≠ Gutachtenstil ≠ Sachverhalt

3. Was mache ich in der Stellungnahme?

In der Stellungnahme haben Sie zwei „Aufgaben". Erst argumentieren Sie für und gegen die Ansichten, dann entscheiden Sie sich für Ihre „Favoritenansicht". Argumentieren Sie auch für Ansichten, die Sie ablehnen, das macht Ihre Argumentation perspektivenreicher und überzeugender.

Sie entscheiden sich für die Ansicht, deren Argumente Sie am schlüssigsten finden oder für die, die klausurtaktisch geeignet ist, weil sie Ihnen weitere Prüfungspunkte ermöglicht auf die Ihr Fall hinweist. Denken Sie nach dem Küren der Ansicht daran, das Ergebnis dieser Ansicht zu wiederholen, nur dieses Mal im Indikativ, denn nur dafür haben Sie argumentiert.

Merke: Argumente + Favoritenansicht = Stellungnahme

Stellungnahme Nur für Variante II:	1. Argumente für und gegen die Ansichten nennen. 2. ♡-Ansicht küren: Daher verdient die zweite Ansicht den Vorzug / Somit ist der zweiten Ansicht zu folgen. Nur die dritte Ansicht berücksichtigt den Sinn und Zweck der Norm, daher ist dieser Ansicht zu folgen.
Ergebnis der Favoritenansicht im Indikativ	Somit **ist**… Folglich **hat**…

4. Wie viele Argumente brauche ich?

Beim Verfassen der Stellungnahme stehen sich zwei Positionen gegenüber: einerseits soll das Gutachten den Fall so schnell wie möglich lösen, also ökonomisch sein, andererseits ist die Argumentation nicht direkt Teil der Fall-Lösung und unterliegt damit nicht in gleicher Weise dem Ökonomie-Gebot. Die erste Position spiegelt die des Praktikers wider, die zweite den Standpunkt des Wissenschaftlers. Die wissenschaftliche Position hat mehrere Vorteile: zum einen erhöht eine perspektivenreiche Darstellung die Überzeugungskraft, zum anderen bereitet Sie diese auf eine Argumentation vor Gericht vor. Außerdem zeigen Sie, wie juristisch Sie arbeiten können.

Der Praktiker hingegen ist schneller fertig, wenn er sich an die Funktion des Gutachtens hält. Leider gibt es keine Einigung, welcher Weg „besser“ ist, daher ist ein Mittelweg sicher angebracht.

4.1 Wie finde ich Argumente?

Die Definitionsvorschläge der Ansichten sind durch Auslegung und die Argumentationstechniken entstanden. Das sind Ihre Argumente. Je mehr Auslegungsmethoden eine Ansicht berücksichtigt, um auf ihren Vorschlag zu kommen, desto wissenschaftlicher ist sie und desto eher sollten Sie sich für diese Ansicht entscheiden.

Merke: Auslegung + Argumentationstechniken = Argumente

4.2 Wie baue ich die Argumentation auf?

Beim Aufbau Ihrer Argumentation denken Sie über zwei Dinge nach:
→ In welcher Reihenfolge bringe ich die Argumente?
→ Wie ist die Struktur eines einzelnen Arguments?

Zuerst entscheiden Sie, welches Ihr stärkstes Argument ist. Mit diesem beenden Sie die Argumentation und küren Ihre Favoritenansicht.

Beispiel Favoriten-Ansicht: Nur die dritte Ansicht berücksichtigt den Sinn und Zweck der Vorschrift. Mithin ist dieser Ansicht zu folgen.

Für die Reihenfolge der anderen Argumente können Sie zwischen zwei Möglichkeiten wählen: dem Pro- und Contrablock und dem Ping-Pong-System, bei dem sich Argument und Gegenargument abwechseln. Der Vorteil des Pro- und Contrablocks ist seine Einfachheit, allerdings ist er auch weniger verständlich, denn Sie können Beziehungen zwischen Argument und Gegenargument nicht darstellen. Diesen Bezug muss der Leser selbst herstellen.

Bei der Ping-Pong-Methode wechseln sich im Idealfall Pro- und Contra-Argumente ab und beziehen sich aufeinander. Für die Reihenfolge der Argumente können Sie sich an der Reihenfolge der Auslegungsmethoden orientieren, denn diese folgt bereits einer inneren Logik (s. Kapitel 12).

Merke: Ping-Pong + Reihenfolge der Auslegungsmethoden = Argumentationsaufbau

Für den Aufbau eines einzelnen Argumentes empfiehlt es sich, sich stilistisch nah an den Gutachtenstil zu halten. Dafür stellen Sie das Argument erst inhaltlich dar (als „Definition“) und schlussfolgern dann, für oder gegen welche Ansicht es spricht (als „Ergebnis“).

Beispiel: Im allgemeinen Sprachgebrauch ist ein Werkzeug beweglich, damit spricht der Wortlaut für die zweite Ansicht.

4.3 Wie bringe ich die Auslegung in einer Klausur ein?

Oft fehlt in der Klausur die Zeit, alle Auslegungsmethoden durchzugehen. Daher geben Sie meist fremde Argumente wieder. Allerdings ist es ideal, die Argumente auf ihre Auslegungsmethode zurückzuführen. Dies müssen Sie selbstständig erarbeiten, denn oft werden Argumente ohne ihre „Herkunft“ angegeben.

Beispiel: Sinn und Zweck des Vorsatzes ist es, den Täter nur für das zu bestrafen, für das er verantwortlich ist. Ansicht X bestraft den Täter auch für etwas, für das er nicht verantwortlich war. Somit ist diese Ansicht abzulehnen.

Hinweis: Wenn Sie fremde Argumente wiedergeben, setzen Sie in der Hausarbeit in der Stellungnahme Fußnoten mit der Quellenangabe.

5. Wie erarbeite ich selbst einen Streit?

In einer Klausur kann es Ihnen auffallen, dass Ihr Fall und das Gesetz an einer Stelle „haken“, gerade bei unbekannten Themengebieten. Lassen Sie sich davon nicht verunsichern, sondern beglückwünschen Sie sich. Sie beweisen gerade Judiz. Nun ist es wichtig, im Obersatz genau festzustellen, welche Information aus dem Sachverhalt beim Zusammenpuzzeln mit welchem Teil des Gesetzes hakt.

Jetzt haben Sie zwei Möglichkeiten:

Legen Sie den „hakenden“ Teil der Norm aus und finden Sie auf diese Weise eine vertretbare Lösung. Je überzeugender Sie begründen, desto eher wird es der Korrektor positiv honorieren, selbst wenn Sie an dieser Stelle keinen Meinungsstreit formulieren. Trauen Sie sich auch, gegen Ihre Lösung zu argumentieren. Das macht Ihre Argumente perspektivenreicher und damit überzeugender.

Die andere Möglichkeit besteht darin, aus den Auslegungsmethoden Ansichten zu entwickeln.

Dafür empfiehlt sich meistens eine bejahende, eine verneinende und eine vermittelnde Ansicht. Halten Sie diesen Teil knapp. Die Stellungnahme formulieren Sie anhand der vorangegangenen Auslegung.

6. Wie überarbeite ich meinen Streit?

Für die Überarbeitung eines Streits bietet sich ebenfalls eine Checkliste an. Für die „Benutzung“ sei auf die Ausführungen in Kapitel 9 verwiesen.

Checkliste Meinungsstreit	Ja	Nein
1. Bezeichnen Sie die Ansichten neutral?		
2. Wenden Sie alle Ansichten auf den Fall an (mit Subsumtion und Ergebnis)?		
3. Verfassen Sie alle Zwischenergebnisse im Konjunktiv II?		
4. Stellen Sie Ansichten vor ohne zu argumentieren?		
5. Vergleichen Sie die Ergebnisse der Ansichten?		
6. Lassen Sie in der Stellungnahme den Fall weg?		
7. Verknüpfen Sie die Argumente mit den Auslegungsmethoden?		
8. Ist Ihr stärkstes Argument am Schluss?		
9. Wiederholen Sie das Ergebnis der Favoritenansicht im Indikativ?		

Aufgaben

Aufgabe 1: Wo müssen Sie bei der Streitdarstellung den Fall erwähnen (×), wo sollten Sie es nicht (o)?

Aufbau Meinungsstreit	Fall
1. Normaler Obersatz	
2. Definitionsvorschlag Ansicht I Subsumtion Ergebnis	
3. Definitionsvorschlag II Subsumtion Ergebnis	
4. Stellungnahme erforderlich?	
5. Stellungnahme	
6. Ergebnis Favoritenansicht	

Aufgabe 2: Bestimmen Sie, welcher Auslegungsmethode diese typischen Formulierungen in einer Stellungnahme entstammen.

	Formulierung	Methode
a)	Somit spricht der Kontext gegen die zweite Ansicht.	
b)	Die Formulierung des Gesetzes beschränkt sich auf den alltäglichen Sprachgebrauch, den nur die dritte Ansicht berücksichtigt.	
c)	Mithin lässt sich für diese Ansicht die Entstehungsgeschichte des § X anführen.	
d)	Die dritte Ansicht unterläuft folglich den Zweck der Regelung.	
e)	Somit stellt die Gegenansicht auf die maximale Wortbedeutung ab.	
f)	Diese Ansicht berücksichtigt nicht die Entstehungsgeschichte des § X.	
g)	Ansicht X lässt den Sinn und Zweck der Norm außer Acht.	
h)	Hätte der Gesetzgeber auch … erfassen wollen, hätte er ohne weiteres von … sprechen können. Daher liegt der Schluss nahe, die Einbeziehung von … ist nicht gewollt, was gegen die erste Ansicht spricht.	
i)	Stellt man auf den alltäglichen Sprachgebrauch ab, ist der zweiten Ansicht zu folgen.	

Aufgabe 3: Füllen Sie die fehlenden Lücken bis zur Stellungnahme.

Reiter R möchte im Wald umher reiten. Das wird ihm untersagt. Ist er in seinem Grundrecht aus Art. 2 I GG verletzt?

Art. 2 I GG: „Jeder hat das Recht auf die freie Entfaltung seiner Persönlichkeit […].“

Obersatz: Fraglich ist, ob das Reiten im Wald zur freien Entfaltung der Persönlichkeit gem. Art. 2 I GG gehört.

Definitionsvorschlag Ansicht I: Eine Ansicht legt Art. 2 I GG eng aus, und fordert, nur besonders hochwertige Tätigkeiten zu schützen, die zum Kern der Persönlichkeit gehören.

Subsumtion: Das Reiten im Wald ist eine Freizeitbeschäftigung und keine besonders hochwertige Tätigkeit.

Ergebnis: ______________________________ (1)

Definitionsvorschlag Ansicht II: Eine andere Ansicht legt Art. 2 I GG weit aus und erfasst jedes menschliches Verhalten.

Subsumtion: ____ (2)
Ergebnis: ____ (3)
Die Ansichten gelangen zu unterschiedlichen Ergebnissen, so dass eine Stellungnahme erforderlich ist.

Aufgabe 4: Formulieren Sie die Stellungnahme und verwenden Sie dabei die Redemittel aus Aufgabe 2.

a) Historisches Argument:
Ursprüngliche Formulierung: „Jeder kann tun und lassen, was er will […]"

____

____

____

Argument für Ansicht X: ______________________________

b) Teleologisches Argument:

____

____

____

Den Sinn und Zweck des Art. 2 I GG erfüllt nur die zweite Ansicht.

Kapitel 14: Umgang mit dem Sachverhalt

1. Was ist noch erlaubt und was ist schon „Quetschen“?
2. Wie finde ich die Schwerpunkte im Sachverhalt?
3. Muss ich stets das ganze Prüfungsschema auf den Fall anwenden?

Aufgabe

1. Was ist noch erlaubt und was ist schon „Quetschen“?

Zum einen sollen Sie den Sachverhalt nicht „quetschen“, zum anderen können Sie ihn lebensnah auslegen. Steht im Sachverhalt: „A schlägt B“, können Sie davon ausgehen, dass er dies wusste und wollte, A also vorsätzlich handelte. Das darf man bejahen, obwohl es im Sachverhalt keine expliziten Angaben dazu gibt. In diesem Fall will der Klausurstellende Sie lenken, diese Stellen nicht ausführlich zu bearbeiten. Diese lebensnahe Auslegung sollte aber erst nach sorgfältiger Prüfung des Sachverhaltes stattfinden.

Gibt es keine Angaben im Sachverhalt, können Sie zum Beispiel davon ausgehen, dass die Form im Gesetzgebungsverfahren gewahrt wurde, dass der Täter schuldfähig, der Vertragspartner geschäftsfähig ist. Allerdings genügt ein kleiner Hinweis auf ein Tatbestandsmerkmal, um dieses zu prüfen.

Beispiele: Der 16-jährige F, der tablettensüchtige T, der Bundespräsident hat nicht unterschrieben etc.

2. Wie finde ich die Schwerpunkte im Sachverhalt?

Jeder Fall enthält Schwerpunkte. Ihre Aufgabe ist es, diese zu finden und angemessen zu bearbeiten. Häufig enthalten die Fälle Hinweise: An diesen Stellen werden die Sachverhalte ausführlicher, häufig werden auch die Meinungen der Beteiligten dargestellt.

Beispiel: Die Landesregierung hält die Fünfprozenthürde für verfassungswidrig, vor allem die Festlegung auf 5 % hält sie für willkürlich.

Markieren Sie diese Stellen im Fall mit einer besonderen Farbe. Schreiben Sie sich jeden gefundenen Schwerpunkt unter den Fall. Sortieren Sie die Sachverhaltshinweise den gesetzlichen Prüfungsmerkmalen zu.

Beispiel: Schwerpunkt 1: 5 % willkürlich = materielle Verfassungsmäßigkeit
Schwerpunkt 2: ...

3. Muss ich stets das ganze Prüfungsschema auf den Fall anwenden?

Die Prüfungsschemata einzelner Normen haben natürlich den Vorteil, dass Sie nichts vergessen, wenn Sie Ihren Fall prüfen. Manchmal kommen Sie durch das Schema erst auf gute Ideen, was noch in Ihrem Fall prüfungsrelevant ist. Allerdings deckt das Schema alle Prüfungsmöglichkeiten einer Norm ab. Das hat den Nachteil, dass ein Prüfungspunkt vielleicht nicht zu Ihrem Fall passt.

Beispiel: Das Prüfungsschema für das Zustandekommen von Verträgen enthält immer die Abgabe und den Zugang der Willenserklärungen. Gibt es hier keine Hinweise im Sachverhalt, dass diese nicht vorliegen, werden in vielen Fall-Lösungen Abgabe und Zugang mit keinem Wort erwähnt.

Tipp: Achten Sie beim Lesen von Fall-Lösungen einmal darauf, was *nicht* ausformuliert wird.

Aufgabe

Aufgabe: K schickt V eine E-Mail und bietet ihm 1600 € für sein Auto. V ist begeistert und antwortet mit „Ja, das passt. Sie können den Wagen nächste Woche abholen.“ Allerdings klickt er nicht auf „Senden“, weil er den Wagen noch seinem Freund F anbieten will, der kein Auto hat. V verlässt das Zimmer, um bei seinem Freund anzurufen. Tatsächlich möchte der Freund das Auto gerne haben. In der Zwischenzeit betritt die Babysitterin B das Zimmer des V und schickt die E-Mail ab, weil sie glaubt, dieser habe vergessen, sie abzuschicken.

a) Finden Sie den Schwerpunkt des Falls:____________________

b) Bei welchem Prüfungsmerkmal bringen Sie diesen unter?_______________

c) Kreuzen Sie im Prüfungsschema an, was Sie prüfen würden.

Prüfungsschema Vertrag (Auszug)	Prüfen
A. Anspruch entstanden	
I. Zustandekommen des Vertrags	
1. Angebot	
a) Tatbestand einer Willenserklärung	
b) Wirksamwerden der Willenserklärung durch Abgabe und Zugang (§ 130 I 1 BGB)	
c) Kein Erlöschen des Angebots gem. §§ 145 a. E., 146 ff., 153 a. E.	
d) Kein vorheriger oder gleichzeitiger Zugang eines Widerrufs (§ 130 I 2 BGB)	
2. Annahme	
a) Tatbestand einer Willenserklärung	
b) Wirksamwerden der Willenserklärung durch Abgabe und Zugang (NB: § 151 BGB)	
II. Wirksamkeit des Vertrags	
1. Geschäftsunfähigkeit, § 105 BGB, beschränkte Geschäftsfähigkeit, §§ 106 ff. BGB	
2. Formnichtigkeit, § 125 BGB	
3. Gesetzes-/Sittenwidrigkeit, §§ 134, 138 BGB	
4. AGB-Verstoß, §§ 305 ff. BGB	
5. Anfechtung, § 142 I BGB	
B. Anspruch untergegangen	
I. Erfüllung, §§ 362 ff. BGB	
II. Aufrechnung, § 389 BGB	
III. Rücktritt, § 346 BGB	
IV. Unmöglichkeit, § 275 BGB	
C. Anspruch durchsetzbar	
I. Verjährung, §§ 194 ff., 222 BGB	
II. Zurückbehaltungsrechte, §§ 273, 320 BGB	

Kapitel 15: Strafrechtliche Gutachten

1. Wie formuliere ich den ersten Obersatz im Strafrecht?

Für den ersten strafrechtlichen Obersatz gibt es keinen etablierten Merksatz. Er könnte aber wie folgt lauten:

Wer hat was mit wem wonach gemacht?

Wer?	Täter
Was gemacht?	Sachverhalts-Handlung
	ggf. Erfolg (s. u.)
Mit wem?	Opfer
Wonach?	Strafnorm (Delikt und Nummer)

Sie nennen also vier Punkte: den Täter, das Opfer, die Handlung und die Strafnorm (mit Bezeichnung). Manche erwähnen auch den Erfolg, das wird unterschiedlich gehandhabt (siehe unten 1.3.).

> **Beispiel:** R könnte sich wegen Mordes an X gem. §§ 212 I, 211 StGB strafbar gemacht haben, indem er den Brandsatz warf und X im Feuer umkam.

Merke: 4–5 Punkte im ersten strafrechtlichen Obersatz.

1.1 Wie formuliere ich die Handlung im ersten Obersatz?

Es gibt zwei relevante Handlungen im Strafrecht: die Tatbestandshandlung und die im Sachverhalt. Vermeiden Sie im ersten Obersatz die Handlung aus dem Gesetz zu übernehmen, denn Sie wollen gerade herausfinden, ob die Handlung des Täters die Tatbestandshandlung erfüllt. Formulieren Sie die Handlung also so sachverhaltsnah wie möglich, oft können Sie sogar die Formulierungen des Sachverhalts übernehmen.

> **„falsches“ Beispiel:** T könnte sich wegen eines Diebstahls gem. § 242 I StGB strafbar gemacht haben, indem er das Shampoo *wegnahm*.

> **„richtiges“ Beispiel:** T könnte sich wegen eines Diebstahls gem. § 242 I StGB strafbar gemacht haben, indem er das Shampoo *in seinen Rucksack steckte*.

1.2 Wie binde ich die Handlung sprachlich ein?

Gerade im Strafrecht werden viele erste Obersätze gebildet, meistens mit der Wendung „indem“. Die häufige Wiederholung kann ermüdend sein. Zwei Alternativen sind „dadurch, dass“ und „durch“.

> **Beispiel:** T könnte sich dadurch, dass er das Shamoo in seinen Rucksack steckte, wegen eines Diebstahls gem. § 242 I StGB strafbar gemacht haben.

1.3 Wann führe ich den Erfolg im ersten Obersatz auf?

Ob Sie den Erfolg aufführen, hängt davon ab, ob Sie ein Tätigkeits- oder ein Erfolgsdelikt prüfen. Bei einem Tätigkeitsdelikt, zum Beispiel bei der Volksverhetzung § 130 StGB, gibt es keinen Erfolg. Die meisten Delikte in Ihren Gutachten sind allerdings Erfolgsdelikte, bei denen der Erfolg in den ersten Obersatz gehört. Es empfiehlt sich – auch wegen der Vollständigkeit – eine sachverhaltsnahe Umschreibung des Erfolgs, statt einer tatbestandlichen, sonst kann es sein, dass nur aufgrund der Norm deutlich wird, was passiert ist.

> **„falsches“ Beispiel:**
> R könnte sich wegen Mordes an X gem. §§ 212 I, 211 StGB strafbar gemacht haben, indem er den Brandsatz warf.

„richtiges" Beispiel:
R könnte sich wegen Mordes an X gem. §§ 212 I, 211 StGB strafbar gemacht haben, indem er den Brandsatz warf und X im Feuer umkam.

Unschöne Formulierungen wie: „A könnte sich gem. § 212 I StGB wegen Totschlags strafbar gemacht haben, indem er auf B schoss und dieser starb", können Sie vermeiden, indem Sie Erfolg und Handlung in einem Wort zusammenfassen: „A könnte sich gem. § 212 I StGB wegen Totschlags strafbar gemacht haben, indem er B erschoss" oder „Durch den tödlichen Schuss auf B könnte A sich gem. § 212 I StGB strafbar gemacht haben".

Das funktioniert auch bei der Prüfung einer Körperverletzung oder einem versuchten Tötungsdelikt durch das Verb „angeschossen".

1.4 Welche Zeit verwende ich im ersten Obersatz?

Die Handlungen des Täters liegen in der Vergangenheit. Daher können Sie Perfekt (hat geschossen) oder Imperfekt (schoss) verwenden. Üblicher ist der Imperfekt, vielleicht weil diese Zeitform abgeschlossen ist. Jetzt – in der Gegenwart – prüfen Sie die abgeschlossenen Handlungen des Täters.

Merke: Verwenden Sie den Imperfekt (schoss).

1.5 Was beachte ich bei der Fallfrage?

Es gibt mehrere Möglichkeiten, wonach im Strafrecht gefragt werden kann. Meistens wird nach der **Strafbarkeit aller Beteiligten gefragt**, selten nach der **Schuld einiger.**

Daraus ergeben sich zwei Fragen:

- Was ist der Unterschied zwischen Strafbarkeit und Schuld?
- Was mache ich, wenn nicht nach der Strafbarkeit aller Beteiligter gefragt ist?

1.6 Was ist der Unterschied zwischen Strafbarkeit und Schuld?

Der Unterschied zwischen Strafbarkeit und Schuld besteht darin, dass bei der Strafbarkeit mehr zu prüfen ist. Außerdem gibt es einen grammatischen Unterschied: strafbar verlangt die Präposition „wegen", schuldig dagegen keine Präposition. Beide werden mit Genitiv gebildet.

Beispiele: A hat sich wegen einer Körperverletzung gem. § 223 I StGB strafbar gemacht.
A hat sich einer Körperverletzung gem. § 223 I StGB schuldig gemacht.

Prüfungsschema Strafbarkeit	Prüfungsschema Schuld
I. Tatbestand	I. Tatbestand
II. Rechtswidrigkeit	II. Rechtswidrigkeit
III. Schuld	III. Schuld
IV. Strafausschließungsgründe (z. B. § 258 V, VI StGB Strafvereitelung zu eigenen Gunsten oder eines Angehörigen), Strafaufhebungsgründe (z. B. § 139 III 1 StGB Straflosigkeit der Nichtanzeige geplanter Straftaten (von **Angehörigen**)	–
V. Strafzumessungsgründe (insbes. Regelbeispiele, z. B. § 243 II StGB geringwertige Sache)	–
VI. Strafantrag (§§ 77 ff. StGB), andere Strafverfolgungsvoraussetzungen oder -hindernisse	–

Tipp: Handeln in Ihrem Sachverhalt Angehörige, denken Sie an die sonstigen Strafbarkeitsvoraussetzungen.

1.7 Was prüfe ich, wenn nicht nach der Strafbarkeit aller Beteiligten gefragt ist?

Wenn nach Beteiligten nicht gefragt ist, prüfen Sie diese häufig inzident, d. h. im Rahmen der Prüfung eines Beteiligten, nach dem gefragt ist.

Beispiel: A stiftet T an, O zu töten.
Wie hat sich A strafbar gemacht?

Nach der Strafbarkeit des T ist nicht gefragt, daher prüfen Sie seine Strafbarkeit nicht als eigenen Teil. Sie prüfen T inzident, wenn Sie entscheiden, ob A sich wegen Anstiftung strafbar gemacht hat. Denn dazu bedarf es einer vorsätzlichen, rechtswidrigen Haupttat – da prüfen Sie den Totschlag durch T.

2. Wie übersehe ich keine Delikte?

Um keine Delikte zu übersehen, teilen Sie den Sachverhalt in Abschnitte und sortieren die Delikte innerhalb der Abschnitte, zum Beispiel nach Beteiligten, Strafmaß oder zeitlicher Reihenfolge. Das Teilen hat den Vorteil, dass der Leser Ihr Gutachten besser nachvollziehen kann. Ein weiterer Vorteil der Abschnitte besteht darin, dass Sie bei jedem Komplex in der Gliederung von vorn beginnen.

Oft lauert der Teufel in Details:

> **Beispiel:** T präpariert eine Fahrkarte mit Wachs, um den Stempel später abzuwischen.
> Sie prüfen eine Urkundenfälschung und zwar durch das Auftragen des Wachses, durch das Stempeln, das Vorzeigen und das Abwischen.

3. Wann teile ich ein Gutachten in Handlungskomplexe?

Bei Zeitsprüngen, bei verschiedenen Tatorten und bei vielen Beteiligten empfiehlt es sich, den Sachverhalt in Handlungskomplexe einzuteilen. Für diese Komplexe gibt es mehrere Bezeichnungen, „Tatkomplex" oder „Handlungsabschnitt". Am besten eignet sich der Begriff „Handlungskomplex", da er weniger juristisch als „Tat" ist und sich daher besser auf die Handlungen des Täters bezieht.

Sie zählen die Handlungskomplexe und geben jedem einen Titel. Dieser sollte möglichst wenig rechtliche Würdigung enthalten, damit Sie Ihren Blick nicht begrenzen und relevante Delikte übersehen.

> **„falsches" Beispiel:** 1. Handlungskomplex: Tötung des O

> **„richtiges" Beispiel:** 1. Handlungskomplex: Die nächtliche Heimfahrt

4. Wie sortiere ich die Delikte innerhalb des Handlungskomplexes?

Dazu gibt es mehrere Möglichkeiten:
- Nach dem zeitlichen Ablauf
- Nach der Schwere der Tat
- Nach Tätern/Teilnehmern

Empfohlen wird in der Regel, die Delikte nach der Schwere der Tat zu sortieren, weil Wichtiges zuerst geprüft wird und die Schwerpunkte häufig bei den Kapitalverbrechen liegen. Liegen mehrere schwere Delikte vor, oder liegt der Schwerpunkt auf der Rechtfertigungsebene, können Sie diese nach dem zeitlichen Ablauf sortieren. Das hat den Vorteil, dass Sie Inzidentprüfungen vermeiden.

Beispiel: T schleicht durch den Garten des O, bricht ein, steckt einige Dinge ein, wird dann von O überrascht, tötet diesen.
Vom zeitlichen Ablauf her beginnen Sie mit dem Hausfriedensbruch. Das ist aber sicher das unwichtigste Delikt in dieser Prüfung.

Tipp: Zeichnen Sie eine Zeitstrahl, um so die Handlungsabschnitte übersichtlich parat zu haben, wenn Sie die Lösungsskizze erstellen.

5. Wie schaffe ich das strafrechtliche Gutachten in einer Klausur?

Im Strafrecht prüfen Sie in einem Gutachten häufig so viele Delikte, dass die Zeitnot gerade im Strafrecht besonders extrem ist. Kürzen Sie daher radikaler ab als in allen anderen Fächern. Versuchen Sie jeden Handlungskomplex zu lösen, selbst wenn Sie am Ende der Klausur nur noch „kurz" abkürzen (s. Kapitel 8, Frage 4).[14] Das erhöht die Wahrscheinlichkeit, dass Sie die Klausur gut bestehen.

Aufgaben

Aufgabe 1: Welche Variante ist richtig? Kreuzen Sie an.

A könnte sich wegen Betrugs gem. § 263 I StGB strafbar gemacht haben, indem A dem B falsche Tatsachen vorspiegelte. ☐

A könnte sich wegen Betrugs gem. § 263 I StGB strafbar gemacht haben, indem er behauptete, der Mercedes sei ohne Mängel. ☐

---

[14] Ähnlich: Rotsch, Strafrechtliche Klausurenlehre, 2013, 80.

Aufgabe 2: Formulieren Sie den 2. Obersatz aus Aufgabe 1 mit:

a) dadurch, dass

b) durch

Aufgabe 3: Formulieren Sie den ersten Obersatz in zwei Schritten.

T schießt O mit einer Pistole in die Brust. O stirbt. Strafbarkeit des T wegen Totschlags?

Schritt 1: Füllen Sie die Tabelle mit den Prüfungspunkten im ersten Obersatz aus.

Prüfungspunkt	Sachverhalt
Täter	
Opfer	
Handlung	
Erfolg	
Norm	

Schritt 2: Formulieren Sie den Obersatz.

Aufgabe 4: Korrigieren Sie diese Obersätze auf grammatische Richtigkeit.

a) A könnte sich der Körperverletzung gem. § 223 I StGB strafbar gemacht haben, indem er den B ins Gesicht schlug.

b) A könnte sich wegen einer Körperverletzung gem. § 223 I StGB schuldig gemacht haben, indem er B ins Gesicht schlug.

Aufgabe 5: Teilen Sie den folgenden Sachverhalt in Handlungskomplexe ein und geben Sie ihnen Titel.

Sohn S tritt nach dem Tode des Vaters V die Alleinerbschaft an. Zur Erbmasse gehört eine Sammlung Partituren, die S verkaufen möchte. Als S von seinem Anwalt erfährt, dass sein Vater diese Sammlung dem Musikstudenten M vermacht hat, beschließt er, alle Partituren zu verbrennen. Dabei entgeht ihm, dass manche Partituren aus der öffentlichen Bibliothek stammen. Eine Woche später erfährt M von der Verbrennung. Wütend schlägt M dem S ins Gesicht. Als M erneut ausholt, schlägt S ihn schmerzhaft in den Magen.
Wie haben S und M sich strafbar gemacht?
1. Handlungskomplex: ____________________
2. Handlungskomplex: ____________________

Aufgabe 6: Sortieren Sie nun den 1. Komplex nur in Bezug auf die Bücher.

Es gibt drei mögliche Strafbarkeiten zu prüfen.

a) ____________________

b) ____________________

c) ____________________

Aufgabe 7: Wen prüfen Sie zuerst? Z oder K?

Zuhälter Z beauftragt den Killer K, B gegen Zahlung von 20 000 Euro zu erschießen. K wartet nachts in seinem Auto, um den B zu erschießen. Vorbei kommt Y, der B sehr ähnlich sieht. K erschießt Y. Wie haben sich K und Z im Hinblick auf Y strafbar gemacht?

Kapitel 16: Zivilrechtliche Gutachten

1. Wie formuliere ich den ersten Obersatz im Zivilrecht?

Der Inhalt Ihres ersten Obersatzes im Zivilrecht ergibt sich aus dem Merksatz: Wer will was von wem woraus?

Wofür stehen die einzelnen Fragewörter?

Wer?	Anspruchssteller
Will was?	Für diesen Punkt gibt es drei mögliche Bezeichnungen: →Anspruchsinhalt →Anspruchsziel →Anspruchsgegenstand
Von wem?	Anspruchsgegner
Woraus?	Anspruchsgrundlage

Merke: 4 Punkte im zivilrechtlichen ersten Obersatz.

1.1 Ist ein Vertrag oder die Norm die Anspruchsgrundlage?

Meistens ist die Anspruchsgrundlage eine Norm. Bei Verträgen ergibt sich der Anspruch nicht aus dem Gesetz, sondern aus dem Vertrag, daher ist es empfehlenswert, im ersten Obersatz sowohl Vertragstyp als auch die Norm zu nennen. Das gilt für alle Verträge, wie Miet-, Werk-und Kaufvertrag.

Beispiele:
V könnte gegen K einen Anspruch auf Kaufpreiszahlung gem. § 433 II BGB *aus einem Kaufvertrag* haben.
Ein Anspruch des V gegen M auf Bezahlung des Mietwagens gem. § 535 II BGB könnte sich *aus einem Mietvertrag* ergeben.

1.2 Wie formuliere ich den Anspruchsinhalt?

Der Wunsch des Anspruchsstellers und die Rechtsfolge der Norm müssen identisch sein, daher bestehen – ähnlich wie bei der Handlung im Strafrecht – zwei Möglichkeiten, den Inhalt zu formulieren: die gesetzliche Rechtsfolge oder die Sachverhaltsinformation. Im Zivilrecht empfiehlt sich, die gesetzliche Rechtsfolge zu nennen, da es sein kann, dass der Anspruchssteller etwas Unrealistisches verlangt. In Klausuren, in der Sie in die Rolle eines Rechtsanwalts schlüpfen, kann es sogar sein, dass Sie vorab klären, was der Mandant sich wünscht und was er tatsächlich erreichen kann.

„falsches" Beispiel: V könnte gegen K einen Anspruch auf Lieferung des Autos aus einem Kaufvertrag gem. § 433 I BGB haben.

„richtiges" Beispiel: V könnte gegen K einen Anspruch auf Übergabe und Übereignung des Autos aus einem Kaufvertrag gem. § 433 I BGB haben.

2. Wie formuliere ich die anderen Obersätze?

Im Zivilrecht gibt es, zum Beispiel bei Verträgen, häufig mehrere Ansatzpunkte für die Prüfung. Daher sollten Sie so genau wie möglich bezeichnen, auf was Sie sich beziehen.

„falscher" Obersatz: In dem Anruf könnte ein Angebot liegen.

„richtiger" Obersatz: In der Erklärung des K, er nehme den Füller für 150 €, könnte ein Angebot liegen.

Achten Sie beim Formulieren zivilrechtlicher Norm-Obersätze darauf, die Rechtsfolge zu benennen. Nur die Rechtsfolge verdeutlicht, warum diese Norm Ihre Fall-Lösung vorantreibt. Das gilt immer, wenn Sie eine neue Norm in Ihrem Gutachten prüfen.

„falscher“ Obersatz: A könnte gem. § 389 BGB aufgerechnet haben.

„richtiger“ Obersatz: Der Anspruch des A könnte allerdings durch eine Aufrechnung gem. § 389 BGB untergegangen sein.

3. Wie finde ich Anspruchsgrundlagen?

Anspruchsgrundlagen zu finden und diese in die richtige Reihenfolge zu bringen ist eine besondere Herausforderung zivilrechtlicher Gutachten. Damit Sie herausfinden können, ob eine Norm einen Anspruch enthält, müssen Sie wissen, was ein Anspruch ist.

§ 194 I BGB definiert den Anspruch als das Recht, von einem anderen ein Tun oder Unterlassen zu verlangen. Eine Anspruchsgrundlage erkennen Sie also daran, dass die Rechtsfolge ein Tun oder Unterlassen vorsieht (z. B. Zahlung des Kaufpreises). Ob diese Rechtsfolge eintritt, hängt davon ab, ob die Voraussetzungen der Norm (z. B. Kaufvertrag) erfüllt sind. Eine Anspruchsgrundlage enthält also als Rechtsfolge ein Tun oder Unterlassen und die Voraussetzungen (Tatbestand).

Merke: Tatbestand + Rechtsfolge (Tun/Unterlassen) = Anspruchsgrundlage

3.1 Wie finde ich die richtige Anspruchsgrundlage?

Die richtige Anspruchsgrundlage ist die, die dem Anspruchssteller gibt, was er sich wünscht. Anspruchsziel im Fall und Rechtsfolge der Norm sind also identisch.

Beispiel: A verlangt Lieferung seines gekauften Mercedes = Übergabe und Übereignung der Kaufsache gem. § 433 I BGB.

3.2 Wie lautet der Aufbau einer Anspruchsprüfung?

Ob der Anspruch tatsächlich besteht, prüfen Sie mit einem dreistufigen Schema:

- Anspruch entstanden?
- Anspruch untergegangen?
- Anspruch durchsetzbar?

Dieses Schema ist logisch aufeinander aufgebaut, denn nur ein Anspruch, der besteht, kann untergehen. Ist er untergegangen, brauchen Sie nicht mehr prüfen, ob er durchsetzbar ist.

Eselsbrücke: Erst **entsteht** ein Schiff, dann **geht** es **unter** und wird von Algen **durchsetzt**.

Tipp: „Eselsbrücken" sind eine Mnemotechnik, mit der Sie Informationen länger im Gedächtnis behalten.

3.3 Wie baue ich das gesamte zivilrechtliche Gutachten auf?

Das Schema (entstanden, untergegangen, durchsetzbar) verwenden Sie auf allen fünf Anspruchsebenen. Nach diesem Schema sortieren Sie alle gefundenen Anspruchsgrundlagen. Das ist das Gesamtschema eines zivilrechtlichen Gutachtens.

I. Vertragliche Ansprüche
- O Anspruch entstanden
- O Anspruch untergegangen
- O Anspruch durchsetzbar

II. Vertragsähnliche Ansprüche
- O Anspruch entstanden
- O Anspruch untergegangen
- O Anspruch durchsetzbar

III. Dingliche Ansprüche
- O Anspruch entstanden
- O Anspruch untergegangen
- O Anspruch durchsetzbar

IV. Deliktische Ansprüche
- O Anspruch entstanden
- O Anspruch untergegangen
- O Anspruch durchsetzbar

V. Ansprüche aus ungerechtfertigter Bereicherung
- O Anspruch entstanden
- O Anspruch untergegangen
- O Anspruch durchsetzbar

Aufgaben

Aufgabe 1: Was fehlt in diesen Obersätzen? Benennen Sie den genauen Begriff.

a) Ein Anspruch des T auf Bezahlung des Hotelzimmers könnte sich aus einem Mietvertrag gem. § 535 II BGB ergeben.

b) Ein Zurückerstattungsanspruch des Darlehens i. H. v. 600 € könnte sich aus § 488 I 2 BGB ergeben.

c) K könnte gegen V einen Anspruch auf das Auto gem. § 433 I BGB haben.

d) Möglicherweise hat B einen Anspruch aus § 433 BGB.

Aufgabe 2: Formulieren Sie den ersten Obersatz zu diesem Fall in zwei Schritten.

V bietet K per Mail ein Auto für 1000 € an. K ruft sofort V auf dem Handy an und spricht ihm seine Zustimmung auf die Mailbox. Zwei Tage später liefert V. V will sein Geld. Zu Recht?

Schritt 1: Füllen Sie die Tabelle mit den Prüfungspunkten im ersten Obersatz aus.

Prüfungspunkt	Sachverhalt
Anspruchssteller	
Anspruchsinhalt	
Anspruchsgegner	K
Anspruchsgrundlage	

Eselsbrücke: Geld ist **zwei**trangig – Kaufpreiszahlung ist in § 433 Absatz **zwei** BGB geregelt.

Schritt 2: Formulieren Sie den Obersatz mit Konjunktiv II.

____

____

Finden Sie eine Variante mit einem Möglichkeitswort.

____

____

Aufgabe 3: Was ist Tatbestand, was ist Rechtsfolge bei den folgenden Anspruchsgrundlagen?

a) § 433 I BGB

Durch den Kaufvertrag wird der Verkäufer einer Sache verpflichtet, dem Käufer die Sache zu übergeben und das Eigentum an der Sache zu verschaffen. Der Verkäufer hat dem Käufer die Sache frei von Sach- und Rechtsmängeln zu verschaffen.

Tatbestand: Kaufvertrag

Rechtsfolge: Sache übergeben und Eigentum verschaffen

b) § 433 II BGB

Der Käufer ist verpflichtet, dem Verkäufer den vereinbarten Kaufpreis zu zahlen und die gekaufte Sache abzunehmen.

Tatbestand: ______________________

Rechtsfolge: ______________________

c) § 535 I BGB

Durch den Mietvertrag wird der Vermieter verpflichtet, dem Mieter den Gebrauch der Mietsache während der Mietzeit zu gewähren. Der Vermieter hat die Mietsache dem Mieter in einem zum vertragsgemäßen Gebrauch geeigneten Zustand zu überlassen und sie während der Mietzeit in diesem Zustand zu erhalten. Er hat die auf der Mietsache ruhenden Lasten zu tragen.

Tatbestand: ______________________

Rechtsfolge: ______________________

d) § 535 II BGB

Der Mieter ist verpflichtet, dem Vermieter die vereinbarte Miete zu entrichten.

Tatbestand: ______________________

Rechtsfolge: ______________________

e) § 631 BGB

(1) Durch den Werkvertrag wird der Unternehmer zur Herstellung des versprochenen Werkes, der Besteller zur Entrichtung der vereinbarten Vergütung verpflichtet.
(2) Gegenstand des Werkvertrags kann sowohl die Herstellung oder Veränderung einer Sache als auch ein anderer durch Arbeit oder Dienstleistung herbeizuführender Erfolg sein.
Tatbestand: ______________________________
Rechtsfolge: ______________________________

f) § 280 I BGB

Verletzt der Schuldner eine Pflicht aus dem Schuldverhältnis, so kann der Gläubiger Ersatz des hierdurch entstehenden Schadens verlangen. Dies gilt nicht, wenn der Schuldner die Pflichtverletzung nicht zu vertreten hat.
Tatbestand: ______________________________
Rechtsfolge: ______________________________

Aufgabe 4: Unterstreichen Sie in den Anspruchsgrundlagen in Aufgabe 3 die Formulierungen, anhand derer man erkennen kann, dass es sich um eine Anspruchsgrundlage handelt.

Aufgabe 5: Ordnen Sie den folgenden Fällen eine Anspruchsgrundlage zu.

	Begehren des Antragsstellers	Anspruchsgrundlage
a)	M unterschreibt und verschickt versehentlich zwei Mietverträge, einen mit A und einen mit B. M möchte nur bei A einziehen. Kann B von M Miete verlangen?	
b)	A steigt in ein Taxi, um zum Bahnhof gefahren zu werden. Allerdings fährt ihn der Fahrer zum Stadion. A verweigert die Zahlung. Zu Recht?	
c)	Oma O ist ein Füllerfan und bittet ihren Enkel E, jeden Füller aus den 50er Jahren bis 50 € zu kaufen. E kauft bei V einen Füller aus den 60er Jahren. Kann V von O Zahlung verlangen?	

	Begehren des Antragsstellers	Anspruchsgrundlage
d)	Chef C beauftragt Sekretärin S sein Auto zum bestmöglichen Preis zu verkaufen. S erhält mehrere Angebote. Das niedrigste kommt von F. Da S mit F eng befreundet ist, veräußert sie diesem das Auto. F verlangt nun von C das Auto. Zu Recht?	
e)	Maler M stellt bei Malerarbeiten in der Wohnung des E einen Farbeimer hinter eine Tür. Beim Eintreten kippt Geselle G diesen um. Das Parkett ist zerstört. Kann Eigentümer E von M Schadensersatz verlangen?	
f)	Als S in ihre Wohnung kommt, sieht sie, dass ein Wasserrohrbruch ihre Wohnung 1 cm unter Wasser gesetzt hat. Kann sie von ihrem Vermieter die Reinigung verlangen?	
g)	M sieht einen Anzug im Schaufenster für 140 €. Dem Verkäufer sagt er, dass er ihn kaufe und später abhole. Später stellt sich heraus, dass der Anzug falsch ausgezeichnet war und 340 € kostet. M besteht darauf, den Anzug für 140 € sofort mitzunehmen. Zu Recht?	

Aufgabe 6: K kauft bei Künstler V eine Vase, ein Einzelstück für 300 €. V soll die Vase auf Kosten des K liefern. V macht alles ordentlich, aber das Paket geht bei der Post verloren.

K verlangt Lieferung eines neuen Exemplars. Zu Recht?
Lösen Sie nur bis Anfang „Anspruch untergegangen"
Anspruch des K gem. § 433 I BGB
I. Obersatz: Anspruch entstanden

____

____

1. Voraussetzung: Kaufvertrag (+)

____

____

2. Ergebnis Anspruch entstanden (+)

____

____

II. Anspruch untergegangen
1. Erfüllung (-)

____

____

____

2. Obersatz: Unmöglichkeit

____

____

Aufgabe 7: Finden Sie den Schwerpunkt in diesem Fall.

Mit einem Zeitungsinserat möchte V einen 50er-Jahre-Füller verkaufen. K liest die Anzeige, ruft bei V an und sagt, er nehme den Füller für 150 €. V erwidert, das sei ihm zu wenig, er möchte lieber noch warten, ob nicht ein Interessent mehr biete. Daher verspricht K ihm, V könne drei Wochen sein Angebot annehmen. Nachdem V auch nach einer Woche keinen Käufer gefunden hat, sendet er ein Einschreiben an K, in dem er mitteilt, dass er den Füller für 150 € verkaufe.
Als K die Benachrichtigung über ein Einschreiben erhält, denkt er sich schon, dass dieses von V kommt. K hat mittlerweile einen günstigeren Füller gefunden. Daher beschließt er, das Einschreiben zu ignorieren.
Nach zehn Tagen erhält V eine Benachrichtigung der Post: „Empfänger benachrichtigt, nach Ablauf der Frist an Absender zurück."

Kann V von K Zahlung verlangen?

a) Schwerpunkt: ____

____

b) Finden Sie in jedem Satz die Möglichkeit, ein Angebot oder eine Annahme zu prüfen. Markieren Sie, ob das Merkmal erfüllt ist.

Satz 1: Zeitungsinserat = ____________ ? ☐
Satz 2: ____________ = ____________ ? ☐
Satz 3: ____________ = ____________ ? ☐
Satz 4: ____________ = ____________ ? ☐
Satz 5: ____________ = ____________ ? ☐

Kapitel 17: Öffentlich-rechtliche Gutachten

1. Wie baue ich ein öffentlich-rechtliches Gutachten auf?
2. Wie formuliere ich den ersten Obersatz?
3. Schreibe ich „soweit“ oder „wenn“ im ersten Obersatz?
4. Warum schreibe ich nicht die Klage habe „Aussicht“ auf Erfolg?
5. Wann prüfe ich Zulässigkeit und Begründetheit?
6. Darf ich verfassungsmäßig und rechtmäßig austauschen?
7. Wie finde ich die richtige Verfahrensart?
8. Was mache ich in der Zulässigkeit?
9. Was mache ich in der Begründetheit?
10. Wie prüfe ich die Verhältnismäßigkeit?
11. Wie gehe ich in der Klausur vor?

11.1. Die „halbklassische“ Variante

11.2. Die „Umkehrvariante“

Aufgaben

1. Wie baue ich ein öffentlich-rechtliches Gutachten auf?

Im Öffentlichen Recht prüfen Sie, ob sich der Staat rechtmäßig verhalten hat, entweder gegenüber einem Bürger oder einem anderen Staatsorgan. Staatliches Verhalten kann unter anderem ein Gesetz, eine Verordnung, ein Verbot oder eine Erlaubnis sein.

Beispiele: Baugenehmigung, Demonstrationsverbot, Waffenschein

„Öffentliches Recht ist hässlich und blöd“ – so könnte die „Formel“ lauten, mit der Sie feststellen können, ob der Staat rechtmäßig gehandelt hat und mit der Sie fast jeden Fall lösen können. Hässlich bezieht sich auf die äußere Form, blöd auf den Inhalt des staatlichen Verhaltens. Übersetzt ins öffentliche Recht ist „hässlich“ die Zulässigkeit, weil sie die *äußeren* Rahmenbedingungen des Rechtbehelfs regelt (Zuständigkeit des Gerichts, richtiger Antragsteller). „Blöd“ verweist auf die Begründetheit, denn diese diskutiert den *Inhalt* des staatlichen Verhaltens. Auch dieses kann „hässlich und blöd“ sein, nämlich formell und materiell rechtswidrig.

Form („hässlich“)	Zulässigkeit/ Formell rechtmäßig
Inhalt („blöd“)	Begründetheit/ Materiell rechtmäßig

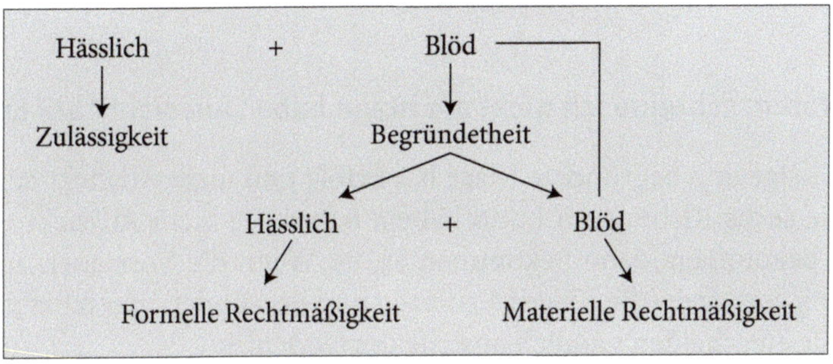

2. Wie formuliere ich den ersten Obersatz?

Ihr Obersatz braucht Form- und Inhaltsaspekte. Das Gute ist, dass dadurch auch der Prüfungsaufbau deutlich wird. Die „Formel“ angewendet auf die zwei häufigsten Fallfragen im Öffentlichen Recht sieht wie folgt aus:

Fallfrage	Erster Obersatz
Hat der Rechtsbehelf Aussicht auf Erfolg?	Der Rechtsbehelf hat Erfolg, soweit er zulässig und begründet ist.
Ist das staatliche Verhalten rechtmäßig?	Das staatliche Verhalten ist rechtmäßig, wenn es formell und materiell rechtmäßig ist.

Wichtig ist noch, dass Sie den Sachverhalt einfügen. Welches staatliche Verhalten (Gesetz, Verbot etc.) prüfen Sie? Wer versucht sich mit dem Rechtsbehelf durchzusetzen? Der erste Obersatz im öffentlichen Recht weist noch weitere Besonderheiten auf, er enthält meistens keine Norm und keinen Konjunktiv II.

Beispiel: Der Antrag der Landesregierung L auf Kontrolle der Sperrklausel gem. § 6 III 1. Alt BWahlG hat Erfolg, soweit er zulässig und begründet ist.

Merke: Erster Obersatz im Öffentlichen Recht = Form + Inhalt + Sachverhalt

3. Schreibe ich „soweit“ oder „wenn“ im ersten Obersatz?

Bei „wenn“ wird nur das Begehren des Antragsstellers geprüft, und nichts darüber hinaus, daher verwenden Sie besser „soweit“. Bei „soweit“ wird dem Antragsteller z. B. auch ein Teil seines Begehren realisiert.

4. Warum schreibe ich nicht die Klage habe „Aussicht“ auf Erfolg?

Eine zulässige und begründete Klage hat Erfolg und nicht Aussicht auf Erfolg. Wenn Sie sechs Richtige im Lotto haben, haben Sie nicht Aussicht *vielleicht* Geld zu bekommen, dann bekommen Sie es. Wenn die Voraussetzungen für den Erfolg vorliegen (die Klage ist zulässig und begründet), dann hat die Klage Erfolg. Sie entscheiden nämlich anstelle des Gerichtes.

Beispiel: Die Anfechtungsklage des X hat Erfolg, soweit sie zulässig und begründet ist.

5. Wann prüfe ich Zulässigkeit und Begründetheit?

Prüft in Ihrem Fall ein Gericht einen Rechtsbehelf, prüfen Sie die Zulässigkeit und Begründetheit – anstelle des Gerichts. Ein Rechtsbehelf ist zum Beispiel ein Widerspruch, eine Verfassungsbeschwerde oder sonstige Klagearten.

Beispiele: Der Widerspruch/die Verfassungsbeschwerde/die Klage (Anfechtungsklage etc.) hat Erfolg, soweit er/sie zulässig und begründet ist.

6. Darf ich verfassungsmäßig und rechtmäßig austauschen?

Rechtmäßig ist der Oberbegriff von verfassungsmäßig. Rechtmäßig bezieht sich auf die gesamte Rechtsordnung, verfassungsmäßig nur auf das Grundgesetz. Allerdings muss die gesamte Rechtsordnung mit dem Grundgesetz vereinbar sein. Im Gutachten verwenden Sie „verfassungsmäßig“, wenn Sie prüfen, ob ein Bundesgesetz mit dem Grundgesetz vereinbar ist. Bei Verwaltungsakten, Satzungen und Verordnungen verwenden Sie „rechtmäßig“.

7. Wie finde ich die richtige Verfahrensart?

Das richtige Verfahren gibt Ihrem Antragsteller, was er sich wünscht. Die Rechtsfolge der Verfahrensart muss also mit dem Begehren des Antragstellers übereinstimmen. Die richtige Verfahrensart finden Sie also, indem Sie Ihren Sachverhalt mit den Rechtsfolgen der Verfahrensarten vergleichen.

8. Was mache ich in der Zulässigkeit?

Alle Verfahrensarten haben Gemeinsamkeiten und Unterschiede in der Zulässigkeit. Für alle muss geprüft werden, ob der Antragsteller dieses überhaupt in Gang setzen durfte und wenn ja, in welcher Form.

In der Zulässigkeit wird die Prüfung häufiger abgekürzt als in der Begründetheit oder in anderen Rechtsgebieten. Manche Voraussetzungen werden sehr häufig abgekürzt, weil sie selten problematisch sind, zum Beispiel die Form des Rechtsbehelfs.

9. Was mache ich in der Begründetheit?

In der Begründetheit prüfen Sie die Rechtmäßigkeit des staatlichen Handelns. Dabei überwiegt die materielle, also die inhaltliche Überprüfung gegenüber der formellen.

Wichtig ist, dass Sie nicht vergessen, die materielle Verfassungsmäßigkeit, insbesondere die Verhältnismäßigkeitsprüfung, zwei Mal durchzuführen: einmal für das beschränkende Gesetz und einmal für den Einzelakt. Das gilt natürlich nur für die Fälle, wenn es einen Einzelakt gibt, also zum Beispiel nicht bei einer Verfassungsbeschwerde gegen ein Gesetz.

Schwerpunkt dieses Schwerpunkts ist oft die Verhältnismäßigkeit. Sie wiegen wie Justitia mit den Waagschalen ab, was schwerer wiegt. Überwiegen die Argumente für das staatliche Verhalten, ist es rechtmäßig. Dann ist das Verfahren unbegründet. Überwiegen die Argumente für den Antragsteller, ist das staatliche Handeln rechtswidrig und das Verfahren begründet.

> **Merke:** staatliches Verhalten verfassungswidrig = Verfahren begründet
> staatliches Verhalten verfassungsmäßig = Verfahren unbegründet

Schema: Begründetheit und „doppelte" Verhältnismäßigkeitsprüfung

Begründetheit

I. Schutzbereich
II. Eingriff
III. Verfassungsmäßigkeit des Eingriffs
  a) Verfassungsmäßigkeit der gesetzlichen Grundlage
    aa) Formelle Verfassungsmäßigkeit
    bb) Materielle Verfassungsmäßigkeit
      - Wesensgehaltsgarantie (Art. 19 Abs. 2 GG)
      - Einzelfallgesetzverbot (Art. 19 Abs. 1 S. 1 GG)
      - Rückwirkungsverbot (abgeleitet aus Art. 20 Abs. 3 GG)
      - **Verhältnismäßigkeit des beschränkenden Gesetzes**
        (a) Legitimer Zweck
        (b) Geeignetheit
        (c) Erforderlichkeit
        (d) Angemessenheit
  b) Materielle Verfassungsmäßigkeit des Einzelaktes, insbesondere
    - Bestimmtheitsgrundsatz
    - Willkürverbot
    - **Verhältnismäßigkeit des Einzelaktes**
      (a) Legitimer Zweck
      (b) Geeignetheit
      (c) Erforderlichkeit
      (d) Angemessenheit

Hinweis: Die formelle Verfassungsmäßigkeit des Einzelaktes müssen Sie nicht prüfen, hier gibt es keine formellen Voraussetzungen

10. Wie prüfe ich die Verhältnismäßigkeit?

Schwerpunkt der Verhältnismäßigkeitsprüfung ist regelmäßig die Angemessenheit. Diese ähnelt der Stellungnahme im Meinungsstreit. Wie dort schreiben Sie nicht im Gutachtenstil, sondern Sie argumentieren. Diese Argumentation ähnelt einer Argumentation aus dem Deutschunterricht. Sie wägen ab, ob die Vorteile der staatlichen Maßnahme überwiegen im Gegensatz zum betroffenen Rechtsgut. Hier sind Sie gefordert, fachliche Argumente herauszuarbeiten, was eine Herausforderung sein kann.

Eine Hilfestellung ist oft der Sachverhalt selbst, welcher Hinweise auf eine Argumentation enthalten kann. Eine weitere Hilfestellung kann der folgende Kriterienkatalog sein. Diesen können Sie z. B. in einer Klausur oder mündlichen Prüfung gedanklich durchgehen und so differenzierte Argumente entwickeln und eine fachliche Tiefe erreichen.[15]

Kriterien für die Angemessenheit
• **Weitere kollidierende Grundrechte der Gegenseite** **Beispiel:** A demonstriert vor dem Pelzgeschäft des B mit einem Plakat mit der Aufschrift „B quält Tiere. Kauft nicht bei ihm." Die Polizei spricht einen Platzverweis gegen A aus. Gegen diesen wehrt sich A. Hier ist neben dem Persönlichkeitsrecht des B wohl auch das Geschäft des B angegriffen, so dass auch seine Berufsausübung gem. Art. 12 I GG betroffen sein kann.
• **Intensität des Eingriffs** Wie schwer sind die kollidierenden Grundrechte betroffen? Wie lange dauert die Beeinträchtigung? Wie intensiv ist die Beeinträchtigung? Gibt es Ausnahmen oder Alternativen zur Grundrechtsausübung? **Beispiel:** Ein Musiker muss üben können, aber nicht nachts.
• **Schutzpflicht des Staates von Leib und Leben** gem. Art. 2 II 1 GG (darunter fällt zum Beispiel auch die **Verkehrssicherheit**)
• **Schutzpflicht des Staates von Allgemein und Individualrechtsgütern** z. B. Schutz des Eigentums gem. Art. 14 I GG vor Sachbeschädigungen
• **Prinzipien aus Art. 20 GG**: **Rechtsstaatsprinzip** (v. a. Rechtssicherheit, Bestimmtheitsgrundsatz) **Demokratieprinzip** ○ Meinungsfreiheit „schlechthin konstituierend" für die freiheitliche Demokratie ○ Demokratieförderung: etwa Integration, Bildung, Erinnerungskultur **Sozialstaatsprinzip** (Schwächere der Gesellschaft müssen geschützt werden) → Art. 79 III GG Ewigkeitsgarantie der Prinzipien
• **Prävention von Straftaten** (Staat ist verpflichtet, die Bevölkerung vor Straftaten zu schützen: Wertung aus den Grundrechten, z. B. Leib und Leben gem. Art. 2 II 1 2. Alt. GG)
• **Öffentlicher Friede**: Aus Sicht des Bundesgerichtshofs ist der öffentliche Frieden dann gestört, wenn das Vertrauen der Bevölkerung in die öffentliche Rechtssicherheit erschüttert wird oder wenn potentielle Täter durch Schaffung eines „psychischen Klimas" aufgehetzt werden. **Beispiel:** Das Verbot der Versammlung „Gedenken an Rudolf Hess" dient dem öffentlichen Frieden.

[15] Genaueres hierzu: Hildebrand, Wissenstraining Jura, Teil 3: Öffentliches Recht, Kapitel 2: Staatsprinzipen.

Kriterien für die Angemessenheit

- **Funktionsfähigkeit des Staates und seiner Einrichtung**
  Beispiele: Sitzblockaden von Rettungswegen, Angreifen von Polizisten

- **Dammbruchargument**
  Welche negativen Folgen können resultieren?
  Beispiel: Erlaubt man ein Graffiti, entstehen überall welche.

- **Selbstgefährdung und Fremdgefährdung:** Selbstgefährdung ist grundsätzlich zulässig, Fremdgefährdung eher nicht (Einzelfallentscheidung)
  Beispiel: Sich nicht anzuschnallen gefährdet vorrangig die Person, die sich nicht anschnallt, aber indirekt auch weitere Verkehrsteilnehmer. Denn bei einem Unfall, bei dem der Fahrer bewusstlos wird, kann es zu Folgeunfällen kommen.

- **Aufwendungen:** Bringt der Grundrechtseingriff Aufwendungen mit sich? Wie hoch sind diese Anschaffungskosten? Damit wären auch Handlungsfreiheit gem. Art. 2 I GG und Eigentumsschutz gem. Art. 14 I GG betroffen.
  Beispiel: Helmpflicht wird für Fahrradfahrer eingeführt. Kosten für den Helm müssen übernommen werden.
  Hinweis: Die Aufwendungen können Sie auch unter dem Punkt „Intensität des Eingriffs" ansprechen.

- **Finanzielle Entlastung der Allgemeinheit** durch Vermeidung (künftiger) Kosten
  Beispiel: Drogenverbot entlastet Gesundheits- und Pflegesystem.
  Hinweis: Finanzielle Belange allein können keinen Grundrechtseingriff rechtfertigen.

- **Kinder- und Jugendschutz** aus dem Persönlichkeitsrecht gem. Art. 2 I i. V. m. 1 I GG

- **Tier- und Umweltschutz** gem. Art. 20 a GG
  Beispiel: K quält im Rahmen einer öffentlichen Performance Tiere. Die Polizei beendet diese Aktion. Prüfe die Angemessenheit des Platzverweises (Einzelakt).

Hier steht der Kunstfreiheit/Berufsfreiheit/allgemeinen Handlungsfreiheit des K vor allem der **Tierschutz gem. Art. 20 a GG** gegenüber. Zwar können Sie mit der **Intensität des Eingriffs** argumentieren, weil das Verhalten ausnahmslos und alternativlos verboten wurde. Das öffentliche Quälen von Tieren kann großes Entsetzen auslösen und so zu körperlichen Ausschreitungen führen, was **die Schutzpflicht des Staates von Leib und Leben** betrifft. Auch besteht die Gefahr, dass Eigentum beschädigt wird, so dass auch Allgemein- oder Individualrechtsgüter betroffen sein können.

Sollten Kinder oder Jugendliche zusehen können, können Sie zudem mit dem **Kinder- und Jugendschutz** abgeleitet aus Art. 2 I i. V. m. 1 I GG argumentieren. Auch das **Dammbruchargument** können Sie nutzen: Erlaubt man Quälen von Tieren als Kunst, könnte als nächstes auch das Töten von Tieren oder Ähnliches unter dem Deckmantel der Kunst versucht werden.

Welche zusätzlichen Kriterien gilt es bei der Verfassungsmäßigkeit der gesetzlichen Grundlage zu beachten? Enthält eine gesetzliche Grundlage einen Ermessenspielraum und/oder unbestimmte Rechtsbegriffe bietet diese mehr Gerechtigkeit im Einzelfall, denn bei der Gesetzesanwendung kann der Staat besser auf den jeweiligen Fall eingehen und so angemessen (verhältnismäßig) reagieren, was für die materielle Verfassungsmäßigkeit des Einzelaktes spricht. Daher können Sie auch mit diesen beiden Kriterien, die häufig vergessen werden, im Rahmen der Angemessenheit argumentieren.

Zusätzliche Kriterien für die **Angemessenheit der gesetzlichen Grundlage**

- **Sicherstellung von Einzelfallgerechtigkeit** und damit schonende Beeinträchtigung der Grundrechte
  - **Ermessen**
  - **Unbestimmte Rechtsbegriffe** (andererseits aus rechtsstaatlicher Sicht bedenklich wegen des Bestimmtheitsgrundsatz)
- Größe des **betroffenen Adressatenkreises**
  Beispiel: Skihelmpflicht gilt nur für Skifahrer

Sie beginnen die Angemessenheitsprüfung mit einem Obersatz. In der Definition erläutern Sie die Waage, in der Subsumtion füllen Sie beide Waagschalen mit Ihrem Sachverhalt: Was genau wiegen Sie ab?

Dann folgt das „Wiegen“, also das Aufzählen aller Vor- und Nachteile. Für die Reihenfolge der Argumente gilt das Gleiche wie in der Stellungnahme: die Ping-Pong-Methode und das überzeugendste Argument stellen Sie an den Schluss. Mit dem letzten Satz stellen Sie fest, welche Argumente überzeugender sind, also schwerer wiegen. Sie stellen fest, ob die Maßnahme angemessen ist oder nicht.

Für den Aufbau einer Angemessenheitsprüfung empfiehlt sich dieses Vorgehen:

1. Obersatz
Schließlich müsste XY auch angemessen sein.
2. Definition (Die Waage)
Das heißt, die Beeinträchtigung, die XY für den Betroffenen bedeutet und der verfolgte Zweck dürfen nicht außer Verhältnis zueinanderstehen.
3. Subsumtion (Was ist in der Waage?)
Hier stehen sich [Grundrecht des Betroffenen] und [verfolgter Zweck] gegenüber.
4. Argumente
5. Ergebnis

11. Wie gehe ich in der Klausur vor?

Der Schwerpunkt einer öffentlich-rechtlichen Klausur liegt meist bei der Begründetheit. Wenn Sie „klassisch“ lösen, prüfen Sie zuerst die Zulässigkeit und dann die Begründetheit, kommen also zum wichtigsten Teil erst am Ende der Klausur – wenn Sie bereits müde sind. Zwei Vorgehensweisen bieten sich an, um dieser „Falle“ zu entgehen:

11.1 Die „halbklassische“ Variante

Schritt 1: Meistens enthält der Sachverhalt Argumente. Beim ersten Lesen des Sachverhalts tragen Sie in einer Pro- und Contra-Tabelle alle Argumente ein, die schon der Sachverhalt enthält. Viele Argumente kann man durch einen Umkehrschluss ins Gegenteil verkehren: Machen Sie aus so vielen Pro-Argumenten wie möglich ein Contra-Argument – und andersherum.

> **Beispiel:** Die Grundmandatsklausel lässt „kleine“ Parteien in den Bundestag und beeinträchtigt damit die Entschlussfähigkeit.

> **Argument umgedreht:** Die Grundmandatsklausel wurde in der BRD bisher erst drei Mal angewendet, somit beeinträchtigt sie nicht die Entschlussfähigkeit des Bundestages.

Schritt 2: Beginnen Sie nun mit der Ausformulierung der Zulässigkeit. Allein dadurch, das Sie sich gedanklich mit etwas anderem beschäftigen, kann es sein, dass Ihnen neue Argumente einfallen. Tragen Sie diese nebenbei in die Tabelle ein.

Schritt 3: Sind Sie bei der Begründetheit angekommen, legen Sie eine Reihenfolge der Argumente fest: Markieren Sie das stärkste Argument – es gehört an den Schluss Ihrer Argumentation.

Schritt 4: Für die Reihenfolge der anderen Argumente können Sie zwischen zwei Möglichkeiten wählen: dem Pro- und Contra-Block und dem Ping-Pong-System, bei dem sich Argument und Gegenargument abwechseln. Der Vorteil des Pro- und Contrablocks ist seine Einfachheit, allerdings ist er auch weniger verständlich, denn Sie können Beziehungen zwischen Argument und Gegenargument nicht darstellen. Diesen Bezug muss der Leser selbst herstellen. Bei der Ping-Pong-Methode wechseln sich im Idealfall Pro- und Contra-Argumente ab und beziehen sich aufeinander.

Schritt 5: Legen Sie die Reihenfolge der Argumente in der Tabelle fest, indem Sie diese nummerieren. Beim Ausformulieren erläutern Sie das Argument ausführlich, dann sind Sie überzeugender.

unvollständiges Beispiel: Die Fünf-Prozent-Hürde verstößt gegen das Demokratieprinzip. (Das ist zwar richtig, so bleibt es aber eine Behauptung, erklären Sie, warum und wie ein Verstoß vorliegt.)

vollständigeres Beispiel: In einer Demokratie drückt sich die Macht des Volkes durch Wahlen aus. Durch die Fünf-Prozent-Hürde verlieren Stimmen des Volkes an Bedeutung: sie werden nicht im Parlament repräsentiert. Auf diese Weise verstößt die Fünf-Prozent-Hürde gegen das Demokratieprinzip.

11.2 Die „Umkehrvariante"

Schritt 1: Anlegen der Tabelle wie bei der halbklassischen Variante.

Schritt 2: Formulieren Sie jetzt die Begründetheitsprüfung.

Schritt 3: Formulieren Sie die Zulässigkeit.

Schritt 4: Sortieren Sie die Blätter so, dass die Zulässigkeit und dann die Begründetheit zu lesen ist und geben Sie ab.

Vorteil dieser Methode ist, dass Sie mit der Begründetheit beginnen und daher die ganze Zeit noch „frisch" sind, der Nachteil ist, dass Sie weniger Zeit zum Nachdenken über Argumente haben.

Probieren Sie aus, was für Sie das Beste ist. Vielleicht ist es sogar die klassische Methode (erst Zulässigkeit, dann Begründetheit), das hängt vom Schreibtyp ab.

Aufgaben

Aufgabe 1: Korrigieren Sie grammatisch und inhaltlich.

Die Verfassungsbeschwerde des A hätte Aussicht auf Erfolg, soweit sie zulässig oder begründet wäre.

Ein Antrag auf abstrakte Normenkontrolle könnte Erfolg haben, soweit er zulässig und begründet ist.

Aufgabe 2: Füllen Sie die Lücken der Tabelle:

Das staatliche Verhalten ist …	Das Verfahren ist …
formell verfassungswidrig.	
	begründet.
formell verfassungsmäßig.	
materiell verfassungsmäßig.	

Aufgabe 3: Die Landesregierung B hält die Grundmandatsklausel gem. § 6 III 2. Alt. BWahlG für unangemessen. Formulieren Sie Obersatz und Definition der Angemessenheit.

Obersatz

____

____

Definition

____

____

Aufgabe 4: Was ist an diesen Sätzen falsch?

a) Der Antrag der Landesregierung B ist begründet, soweit er formell oder materiell rechtmäßig ist.

b) Der Antrag der Landesregierung B ist begründet, soweit die Grundmandatsklausel formell und materiell verfassungsmäßig ist.

c) Der Antrag der Landesregierung B ist begründet, soweit die Grundmandatsklausel formell und materiell verfassungswidrig ist.

Tipp: Verwechseln Sie nicht das staatliche Handeln und den Antrag miteinander. Das ist ein häufiger Fehler.

Aufgabe 5: Sprechen die Argumente für oder gegen die Grundmandatsklausel?

Reihenfolge	Argument	Pro oder Contra?
	Funktionsfähigkeit des Bundestages kann beeinträchtigt werden.	
	Das personale Element des Wahlrechts wird gestärkt.	
	Grundmandat- und Sperrklausel widersprechen sich: Einzug von Splitterparteien verhindern vs. Einzug von Splitterparteien ermöglichen.	
	Eröffnet einen weiteren Weg in den Bundestag → schwächt die Intensität der Fünfprozentklausel.	
	Durch die Zweitstimmen kommen Abgeordnete in den Bundestag ohne persönlichen Bezug zum Wahlkreis.	
	Lokal bedeutsame Parteien sollten besser gestellt werden.	
	Direktmandate stärken ausreichend das personale Element des Wahlrechts.	

a) Markieren Sie, welche Argumente sich aufeinander beziehen.

b) Markieren Sie das für Sie überzeugendste Argument. Je nachdem, ob Sie ein Pro- oder Contra-Argument gewählt haben, haben Sie sich jetzt entschieden, ob die Grundmandatsklausel verfassungsmäßig oder -widrig ist.

c) Legen Sie eine Reihenfolge fest

Aufgabe 6: Markieren Sie im Text jene Stellen, an denen Informationen fehlen. Reiht man die Argumente aneinander, klingt das so:

Lokal bedeutsame Parteien sollten besser gestellt werden, denn durch ihre persönliche Beziehung zum Wahlkreis wird das Volk besser vertreten. Jedoch kann durch die Grundmandatsklausel die Funktionsfähigkeit des Bundestages beeinträchtigt werden. Grundmandat- und Sperrklausel widersprechen sich: einerseits will man den Einzug von Splitterparteien verhindern, andererseits eröffnet man einen weiteren Weg in den Bundestag und schwächt die Intensität der Fünfprozentklausel. Allerdings wird das personale Element des Wahlrechts gestärkt. Durch die Zweitstimmen kommen Abgeordnete in den Bundestag ohne persönlichen Bezug zum Wahlkreis. Direktmandate stärken ausreichend das personale Element des Wahlrechts.

Aufgabe 7: Die linke Spalte enthält Argumente für und gegen ein Grundmandatsklausel. Die Argumente sind allerdings so nicht ohne weiteres verständlich, weil Hintergrundinformationen fehlen. Ergänzen Sie die fehlende Information.

	Reines Argument	Fehlende Information
a)	Funktionsfähigkeit des Bundestages kann beeinträchtigt werden.	Durch die Grundmandatsklausel können den kleinere Pareien mit weniger als 5% der Zweitstimmen in den Bundestag einziehen. Auf diese Weise kann die Funktionsfähigkeit des Bundestages beeinträchtigt werden, denn mit vielen Parteien ist es schwieriger, sich auf einen Konsens zu einigen.
b)	Das personale Element des Wahlrechts wird gestärkt.	
c)	Grundmandats- und Sperrklausel widersprechen sich in ihrer Zielsetzung.	
d)	Die Grundmandatsklausel schwächt die Intensität der Sperrklausel.	

	Reines Argument	Fehlende Information
e)	Durch die Zweitstimmen ziehen auch Abgeordnete ohne persönlichen Bezug zum Wahlkreis ein.	
f)	Lokal bedeutsame Parteien sollten besser gestellt werden.	
g)	Direktmandate stärken ausreichend das personale Element des Wahlrechts.	

Aufgabe 8: Angemessenheit: Formulieren Sie anhand der Tabelle die Abwägung.

Lösungen

Kapitel 1: Funktionen des Gutachtenstils

Aufgabe 1

~~Wahrscheinlich~~ Möglicherweise greift das Demonstrationsverbot für die Partei „Ganz Recht“ in die Versammlungsfreiheit gem. Art. 8 I GG ein. Ein Eingriff ist ~~ja immerhin~~ jede staatliche Maßnahme, die dem Einzelnen das vom Grundrecht geschützte Verhalten ~~leider~~ erschwert oder unmöglich macht. ~~Dieses Grundrecht ist aufgrund des Demokratieprinzips, nachdem alle Macht vom Volk ausgeht, von höchster Bedeutung.~~ Durch das Verbot der Demonstration wird der „Ganz Recht“-Partei ~~immerhin~~ die geplante Versammlung ~~auf jeden Fall~~ unmöglich gemacht. Folglich greift das Demonstrationsverbot ~~natürlich sehr stark~~ in die Versammlungsfreiheit ein.

Aufgabe 2

a) zweifelsfrei

b) hier, nun, vordergründig
„Im vorliegenden Fall“ ist redundant, besser: in „diesem“ Fall. Ökonomischer Formulierungsvorschlag: Das Zeitungsinserat könnte ein Angebot sein.

c) eindeutig

d) nur

e) Zu vage formuliert und umständlich aufgrund doppelter Verneinung. Besser: A ist geschäftsfähig.

f) offensichtlich

g) bloß, gar

Aufgabe 3

a) T hat O körperlich misshandelt.

b) K hat ein Angebot abgegeben.

c) M hat eine Verfassungsbeschwerde erhoben.

Kapitel 2: Syllogistischer Schluss im gutachterlichen Viererschritt

Aufgabe 1

Die Erklärung des K müsste *die wesentlichen Vertragsbestandteile* enthalten.
Wesentliche Vertragsbestandteile sind bei einem Kaufvertrag die Vertragsparteien, die Kaufsache und der Kaufpreis.
Die Erklärung enthält die Vertragsparteien K und V, die Kaufsache, den Mercedes, sowie den Kaufpreis i. H. v. 50.000 €.
Somit enthält die Erklärung des K die *wesentlichen Vertragsbestandteile*.

Aufgabe 2

Obersatz: T könnte sich wegen Körperverletzung gemäß § 223 I StGB strafbar gemacht haben, indem er O die Wange getätschelt hat.
Definition: *Voraussetzung ist, dass der Tatbestand des § 223 I StGB rechtswidrig und schuldhaft erfüllt wurde.*
Subsumtion: T könnte O körperlich misshandelt haben.
Eine körperliche Misshandlung ist jede üble, unangemessene Behandlung, die das körperliche Wohlbefinden oder die körperliche Unversehrtheit nicht nur unerheblich beeinträchtigt.
Das Tätscheln der Wange kann eine üble, unangemessene Behandlung sein, die aber das körperliche Wohlbefinden nur unerheblich beeinträchtigt.
Somit hat A den B nicht körperlich misshandelt.
Auch eine Gesundheitsschädigung kommt in diesem Fall nicht in Betracht.
Ergebnis: T hat sich somit nicht wegen einer Körperverletzung gemäß § 223 I StGB strafbar gemacht, indem er O die Wange getätschelt hat.

Aufgabe 3

Gutachten – BGB AT
V könnte gegen K einen Anspruch aus einem Kaufvertrag gem. § 433 II BGB auf Zahlung des Mustangs in Höhe von 50 000 € haben **O**.

A. Anspruch entstanden
Zwischen V und K müsste ein Kaufvertrag zustande gekommen sein **O**. Ein Kaufvertrag wird durch Angebot und Annahme geschlossen **D**.

I. Angebot des V
Ein Angebot liegt möglicherweise in dem Schreiben des V vom 13. 02. 2014 **O**.
Ein Angebot ist eine empfangsbedürftige Willenserklärung, die aus Sicht eines objektiven Empfängers einen Rechtsbindungswillen und die wesentlichen Vertragsbestandteile enthält **D**. Die wesentlichen Vertragsbestandteile bei einem Kaufvertrag sind Kaufsache, Kaufpreis und Vertragsparteien **D**. V erklärt in dem Schreiben seinen Willen, K einen Mustang zu verkaufen **S**. Als Kaufpreis gibt er 50 000 € an **S**. Die Erklärung des V enthält außerdem die Vertragsparteien V und K **S**. Folglich enthält die Erklärung die wesentlichen

Vertragsbestandteile S. Es ist dem Schreiben zu entnehmen, dass sich V rechtsgeschäftlich binden will S. Somit ist das Schreiben des V ein Angebot E.

1. Abgabe des Angebots
V hat sich dem Schreiben willentlich in Richtung auf den Empfänger entäußert S, mithin hat er das Angebot abgegeben E.

2. Zugang
Dieses Angebot müsste K zugegangen sein O. Unter Abwesenden geht ein Angebot zu, wenn es so in den Machtbereich des Empfängers gelangt, dass dieser unter normalen Umständen die Möglichkeit der Kenntnisnahme hat D. K hat am 14.02.2014 vom Brief Kenntnis erlangt S. Das Angebot des V ist mithin K zugegangen E.

II. Annahme durch K
Möglicherweise liegt in dem Schreiben des K an V, welches die Sekretärin S versehentlich abgesendet hatte, eine Annahme O. Eine Annahme ist eine empfangsbedürftige Willenserklärung, die dem Inhalt des Angebots vorbehaltlos zustimmt D. Das Schreiben stimmt dem Inhalt des Angebots vorbehaltlos zu S, mithin ist es eine Annahme E.

1. Abgabe der Willenserklärung
Die Willenserklärung müsste ferner von K abgegeben worden sein O. Dies ist der Fall, wenn der Erklärende subjektiv endgültig und willentlich eine Entäußerung der Erklärung vorgenommen und objektiv seinerseits alles Erforderliche getan hat, damit die Erklärung den Adressaten erreicht D. K hat seine Sekretärin A angewiesen, den Brief an V zu schicken, sich der Erklärung also subjektiv endgültig und willentlich entäußert S. Es ist nicht erforderlich, dass der Brief den Organisationsbereich des K bereits verlassen hat S. Auch die spätere Willensänderung des K nach Abgabe der Willenserklärung ist für die Abgabe selbst unerheblich S. Damit hat K das Schreiben abgegeben E.

2. Zugang bei V
Die Annahme müsste V zugegangen sein O. Der Brief des K ist bei V am Vormittag des 14.02.2014 eingegangen und somit derart in den Machtbereich des V gelangt, dass dieser jederzeit die Möglichkeit der Kenntnisnahme hatte S. Ein Zugang liegt demnach vor E.

Kapitel 3: Obersatz

Aufgabe 1

Eventuell ×
Möglicherweise ×
Vielleicht ×

Aufgabe 2

Vielleicht

Aufgabe 3

a) In Betracht kommt ~~käme~~ eine Strafbarkeit des T gem. § 212 I StGB.
b) V könnte gegen K einen Anspruch auf Zahlung des vereinbarten Kaufpreises gem. § 433 II BGB haben. Voraussetzung dafür ist ~~wäre~~, dass V und K einen wirksamen Kaufvertrag geschlossen haben ~~hätten~~.
c) Die Klage hat ~~hätte~~ Erfolg, wenn sie zulässig und begründet ~~wäre~~ ist.
d) Eine Anfechtungsklage gem. § 42 I 1. Alt VwGO könnte für D ein ~~mögliches~~ Mittel sein, um gegen den Verwaltungsakt vorzugehen.
e) Möglicherweise ist ~~könnte~~ die X-GmbH durch das Gesetz in ihrem Grundrecht aus Art. 12 I GG verletzt ~~sein~~.
f) V könnte gegen K einen Anspruch auf Zahlung des vereinbarten Kaufpreises aus § 433 II BGB haben, wenn zwischen ihnen ein Kaufvertag zustande gekommen ~~wäre~~ ist.

Aufgabe 4

a) Die Antragsbefugnis ┌ müsste vorliegen.
Von wem? Person aus dem Sachverhalt nennen.
b) Der Täter ┌ müsste vorsätzlich gehandelt haben.
Wer? Person aus dem Sachverhalt nennen.
c) Weiterhin bedarf es ┌ eines Eingriffs in den Schutzbereich ┌.
Was greift in welchen Schutzbereich ein?
d) Der objektive Tatbestand müsste ┌ erfüllt sein.
Von wem? Person aus dem Sachverhalt nennen.
e) Es müsste eine Übereignung ┌ ┌ ┌ stattgefunden haben.
Von wem? An wen? Von was?
f) Der Täter ┌ müsste die Gesundheit einer anderen Person ┌ geschädigt ┌ haben.
Name von Täter und Opfer und Handlung des Täters nennen.

Kapitel 4: Definition

Aufgabe 1

b) Eventualvorsatz liegt vor, wenn der Täter den Erfolgseintritt für möglich hält und sich damit abfindet.

c) Ein Angriff ist gegeben, wenn eine Verletzung rechtlich geschützter Interessen durch menschliches Verhalten droht.

Aufgabe 2

Fraglich ist, ob T eine Täuschung i. S. d. § 123 I BGB begangen hat.
Dem Wortlaut des § 123 I, 1.Alt. BGB ist eine Widerrechtlichkeit der Täuschung nicht zu entnehmen. Diese ist jedoch als ein ungeschriebenes Tatbestandsmerkmal des § 123 I BGB inzident anzunehmen.
Eine Täuschung liegt vor, wenn der Täter Tatsachen vorspiegelt, entstellt oder verschweigt und dadurch beim Opfer eine Fehlvorstellung, einen Irrtum, erregt, bestärkt oder aufrechterhält.
T hat vor dem Arbeitsvertragsschluss die Tatsache des eingeleiteten Ermittlungsverfahrens gegen ihn verschwiegen und somit eine Fehlvorstellung, einen Irrtum bei B erregt. T hat getäuscht.

Aufgabe 3

a) Ist Polizist ein Beruf?
Fraglich ist, ob Polizist ein Beruf im Sinne des Art. 12 I GG ist.
~~Die Berufsfreiheit schützt als ein einheitliches Grundrecht die Berufsausübung sowie die Berufswahl.~~ Der Beruf wird als eine auf gewisse Dauer angelegte, der Schaffung und Erhaltung einer Lebensgrundlage dienende Tätigkeit definiert. ~~Darunter fallen keine einmaligen Ausführungen oder solche Tätigkeiten, die nur aus reiner Vorliebe ausgeübt werden.~~
Die Tätigkeit als Polizist ist eine auf gewisse Dauer angelegte und dient der Schaffung und Erhaltung einer Lebensgrundlage. Folglich ist Polizist ein Beruf i. S.d Art. 12 I GG.

b) Fraglich ist, ob K mit der Erklärung, er nehme das Klavier für 1500 €, ein Angebot abgegeben hat.
Ein Angebot ist eine Willenserklärung, die aus der Sicht eines objektiven Empfängers einen Rechtsbindungswillen und die wesentlichen Vertragsbestandteile enthält. Diese sind bei einem Kaufvertrag die Kaufsache, der Kaufpreis und die Vertragsparteien. ~~Eine Erklärung muss die wesentlichen Vertragsbestandteile enthalten, damit beiden Parteien der Vertragsinhalt bekannt ist.~~ Die Erklärung enthält den Kaufpreis, 1500 €, die Parteien K und V und die Kaufsache, das Klavier. Die Erklärung des K enthält die wesentlichen Vertragsbestandteile. ~~Allerdings hat K lange gezögert, diese Erklärung abzugeben,~~ Sie enthält ~~aber trotzdem~~ einen Rechtsbindungswillen. Die Erklärung ist ein Angebot.

c) Fraglich ist, ob das Bundesverfassungsgericht zuständig ist. Das Bundesverfassungsgericht ist unter anderem für abstrakte Normenkontrollen zuständig. ~~Außerdem ist es für Verfassungsbeschwerden und Organstreitverfahren zuständig. Das Bundesverfassungsge-~~

~~richt ist allerdings keine Superrevisionsinstanz.~~ L möchte, dass die Fünfprozent-Hürde gem. § 6 III 1 1. Alt. BWahlG kontrolliert wird. Für diese abstrakte Normenkontrolle ist somit das Bundesverfassungsgericht zuständig.

Aufgabe 4

	Gutachtenschritt	O	D
a)	A hat einen Anspruch gegen B auf Kaufpreiszahlung gem. § 433 II BGB, wenn sie einen Kaufvertrag geschlossen haben.	×	
b)	§ 433 I BGB setzt einen Kaufvertrag voraus.		×
c)	Ein Angebot liegt vor, wenn eine Willenserklärung mit Rechtsbindungswillen abgegeben wurde, die die wesentlichen Vertragsbestandteile enthält.		×
d)	Ein Angebot des K liegt vor, wenn er eine Willenserklärung mit Rechtsbindungswillen abgegeben hat, die die wesentlichen Vertragsbestandteile enthält.	×	

Kapitel 5: Subsumtion

Aufgabe 1

Ein Angebot könnte in der Erklärung des A liegen, das Klavier des B für 4000 € kaufen zu wollen.
Ein Angebot ist eine Willenserklärung, die aus der Sicht eines objektiven Empfängers mit Rechtsbindungswillen abgegeben wurde und die wesentlichen Vertragsbestandteile enthält. Bei einem Kaufvertrag sind dies die Vertragsparteien, die Kaufsache und der Kaufpreis.
Die Erklärung des A enthält einen Rechtsbindungswillen. Außerdem enthält sie die Vertragsparteien, A und B, die Kaufsache, das Klavier, und den Kaufpreis von 4000 €, mithin die wesentlichen Vertragsbestandteile.
Mit der Erklärung des A liegt somit ein Angebot vor.

Aufgabe 2

a) Fraglich ist, ob T vorsätzlich gehandelt hat.
Vorsätzlich handelt, wer wissentlich und willentlich den objektiven Tatbestand verwirklicht.
~~O ist die Straße heruntergeschlendert, um sich Schaufenster anzuschauen.~~ Als T den O sah, fiel T ein, dass O ihn einmal beleidigt hatte. Daher schlug T den O ~~eigenverantwortlich~~ wissentlich und willentlich.
Also handelte T vorsätzlich.
b) V könnte dem K ein Angebot gemacht haben, indem er den Füller in einer Zeitung inseriert hat. Ein Angebot ist eine empfangsbedürftige Willenserklärung, die aus Sicht eines objektiven Empfängers einen Rechtsbindungswillen und die wesentlichen Vertrags-

bestandteile enthält. ~~Die Zeitungsanzeige wurde dem K nicht derart angetragen, dass dieser nur noch zustimmen muss.~~ Sie enthält keinen Kaufpreis und keinen Rechtsbindungswillen. Somit ist das Inserat kein Angebot.

Aufgabe 3

(a) Das Fahrrad ist ein körperlicher Gegenstand.
(b) Das Fahrrad steht im Eigentum des B.
(c) A hat Luft aus dem Reifen gelassen.
(d) Mit platten Reifen lässt sich das Fahrrad nicht fahren.
(e) An dem Fahrrad befindet sich eine Luftpumpe, so dass die Fahrtüchtigkeit mit einem geringfügigen Aufwand an Zeit, Kraft oder Kosten wiederhergestellt werden kann. Deshalb ist die Beeinträchtigung nur unerheblich. [Das kann auch anders gesehen werden.]
A hat das Fahrrad somit nicht beschädigt.
A hat sich nicht wegen einer Sachbeschädigung strafbar gemacht.

Aufgabe 4

Das ~~Ein~~ Auto ist ~~gem. § 90 BGB~~ ein körperlicher Gegenstand im Sinne von § 90 BGB.

Aufgabe 5

T hat durch den Schuss das linke Auge des O getroffen. Der Schuss stellt eine üble, unangemessene Behandlung dar, durch die d~~D~~ie körperliche Unversehrtheit des O ~~wurde~~ mehr als nur unerheblich beeinträchtigt wurde. ~~Der Schuss stellt eine üble, unangemessene Behandlung dar.~~

Anmerkung:
Die Beeinträchtigung der körperlichen Unversehrtheit muss aus der Behandlung resultieren, das wird nicht deutlich.

Aufgabe 6

Einerseits hat F sich eigenverantwortlich in die Flammen begeben und sich damit selbst gefährdet, was gegen eine objektive Zurechnung seines Todes an F spricht.
Andererseits war F beruflich verpflichtet, den Brand zu löschen. Außerdem hat T ein mehrstöckiges Haus angezündet, was das Löschen gefährlicher macht, weil es unübersichtlicher als ein einstöckiges ist. Dass ein Feuerwehrmann bei einem solchen Löscheinsatz ums Leben kommt, hält sich im Rahmen der allgemeinen Lebenserfahrung.

Ergebnis: Somit ist der Tod des Feuerwehrmanns dem T objektiv zurechenbar.
Der Schuss des T ist eine üble, unangemessene Behandlung, die das Auge des O trifft und somit sein körperliches Wohlbefinden nicht nur unerheblich beeinträchtigt.

Lösungen zu Kapitel 5

Kapitel 6: Ergebnis

Aufgabe 1

a) somit b) also c) damit
d) folglich e) mithin f) daher

Aufgabe 2

a) Somit handelte er heimtückisch.
b) Die Niere ist ~~wäre~~ danach ein Körperglied.
c) A ist ~~als~~ schuldfähig ~~anzusehen~~.
d) Das Verhalten ~~kann~~ ist ein ~~als~~ Eingriff ~~eingestuft werden~~.

Aufgabe 3

a) Die Antragsbefugnis ┌ ist gegeben. Wer ist antragsbefugt?
b) Ein Kaufvertrag ┌ liegt vor. Zwischen wem liegt ein Kaufvertrag vor?
c) Das Tatbestandsmerkmal „gefährliches Werkzeug" ist ┌ erfüllt. Welche Sache aus dem Sachverhalt ist ein gefährliches Werkzeug?

Aufgabe 4

a) T hat sich, indem er O mit einem Pistolenschuss in die Brust erschoss, wegen Totschlags gem. § 212 I StGB strafbar gemacht.
b) V hat gegen K einen Anspruch auf Zahlung des Kaufpreises in Höhe von 1000 € gem. § 433 II BGB aus einem Kaufvertrag.

Aufgabe 5

Die Verfassungsbeschwerde des B ist zulässig, aber unbegründet und hat mithin keinen Erfolg.

Kapitel 7: Typische Fehler im Gutachten

Aufgabe 1

a) U
b) G
c) U
d) U
e) Die Reihenfolge lässt auf ein Gutachten schließen, die inhaltliche Beziehung dagegen weist auf ein Urteil hin. Der Inhalt wiegt schwerer als die Form, daher ist der Satz eher dem Urteilsstil zuzuordnen.

Aufgabe 2

a) T hat O ein Messer in die Brust gestoßen, somit hat T den O körperlich misshandelt
b) Ein Tisch ist eine Sache, weil er ein körperlicher Gegenstand gem. § 90 BGB ist.
c) Die Verfassungsbeschwerde ist unbegründet, mithin hat sie keinen Erfolg.
d) § 49a VwVfG NW normiert nur Ansprüche eines Hoheitsträgers gegen Private und kommt somit nicht in Betracht.

Aufgabe 3

a) T handelte rechtswidrig.
b) Das Gesetz ist formell verfassungsmäßig.
c) A ist geschäftsfähig.

Kapitel 8: Schwerpunktsetzen im Gutachten

Aufgabe 1

		Abkürzen	**Ausführlich**
a)	Picasso-Gemälde = Kunst?	×	
b)	Graffiti = Kunst?		×
c)	T versteckt Konservendosen unter seiner Tasche im Einkaufswagen = Wegnahme?		×
d)	Bauer T lässt seine Kühe bei Bauer O grasen. Gras = bewegliche (Sache)?		×
e)	Auto = Sache?	×	
f)	Reifen zerstechen = beschädigen?	×	
g)	Luft aus Reifen ablassen = beschädigen?		×
h)	„Idiot!" = Beleidigung?	×	
i)	„Sie Mensch, Sie!" = Beleidigung?		×
j)	Pistole = Waffe?	×	
k)	Spielzeugpistole = Waffe?		×
l)	A nickt zum Angebot des B = Annahme?		×
m)	A sagt „Ja" zum Angebot des B = Annahme?	×	
n)	T zerstört eine Ski-Loipe = Sache?		×

Aufgabe 2

Sache
~~Obersatz: Das Fahrrad müsste eine Sache sein.~~
~~Definition: Eine Sache ist gem. § 90 BGB ein körperlicher Gegenstand.~~
Subsumtion: Das Fahrrad ist ein körperlicher Gegenstand im Sinne von. § 90 BGB.
Ergebnis: Das Fahrrad ist eine Sache.

fremd
~~Das Fahrrad müsste fremd sein.~~
~~Fremd ist eine Sache, wenn sie im Eigentum eines anderen steht.~~
Das Fahrrad steht im Eigentum des B.
Somit ist es für A fremd.

Aufgabe 3

a) Die Ohrfeige ist eine üble, unangemessene Behandlung, die das körperliche Wohlbefinden des B, er erlitt eine blutende Wunde, nicht nur unerheblich beeinträchtigt. Somit misshandelte A den B körperlich.
b) Die Ohrfeige ruft einen krankhaften Zustand, eine blutende Wunde, bei B hervor. Somit hat A die Gesundheit des B geschädigt.

Aufgabe 4

a) Durch den Messerstich in den Arm hat A den B körperlich misshandelt.
b) Indem A ein Messer in den Arm des B gestochen hat, hat A die Gesundheit des B geschädigt.

Aufgabe 5

~~Die Erklärung des K, er nehme den Stuhl des V für 140 € könnte ein Angebot sein. Ein Angebot ist eine empfangsbedürftige Willenserklärung, die auf einen Vertragsschluss gerichtet ist und die wesentlichen Vertragsbestandteile enthält. Bei einem Kaufvertrag sind die wesentlichen Vertragsbestandteile die Kaufsache, der Kaufpreis und die Vertragsparteien. Die Erklärung enthält die Kaufsache, den Stuhl, den Kaufpreis in Höhe von 140 € und die Vertragsparteien K und V. Die Formulierung, dass er den Stuhl nehme, ist außerdem eine Willenserklärung, die auf einen Vertragsschluss gerichtet ist.~~ Die Erklärung des K, er nehme den Stuhl des V für 140 €, ist ein Angebot.

Hinweis: Zu Beginn des Studiums können Sie hier die Subsumtion ausschreiben, als Fortgeschrittener wird das Ergebnis ausreichen.

Aufgabe 6

a) Indem A im Geschäft des B erklärte, den PC aus dem Schaufenster für 700€ kaufen zu wollen, hat sie ein Angebot abgegeben.
b) Indem C und T den PC auf einen Preis von 700€ festgelegt haben, haben sich die beiden Vertragsparteien über Kaufpreis und Kaufsache geeinigt, mithin über die wesentlichen Vertragsbestandteile.
c) Indem A ein Messer in die Brust des B stach, misshandelte A den B körperlich.

Kapitel 9: Eigenkorrektur mit Checkliste

1. Handlungskomplex: ~~Der Griff um das Handgelenk~~ Zu sachverhaltsnaher, einseitiger Titel

~~A.~~ A könnte sich wegen einer Körperverletzung gem. § 223 I StGB strafbar gemacht haben, indem er M um das Handgelenk griff.

I. Tatbestand

1. objektiver Tatbestand
Dann müsste A den M körperlich misshandelt oder seine Gesundheit geschädigt haben. ~~eine körperliche Misshandlung oder eine Gesundheitsschädigung vorliegen.~~

a. Eine körperliche Misshandlung liegt vor ~~des M läge vor~~, wenn das Opfer ~~er~~ eine üble, unangemessene Behandlung erfährt~~ahren hätte~~, durch die das körperliche Wohlbefinden nicht nur unerheblich beeinträchtigt wurde.
A hat M am Handgelenk gepackt und somit dessen körperliches Wohlbefinden nur unerheblich beeinträchtigt. Eine körperliche Misshandlung liegt somit nicht vor.
b. Durch den Griff ~~Es~~ könnte eine Gesundheitsschädigung vorliegen. Eine Gesundheitsschädigung ist jedes Hervorrufen oder Steigern eines krankhaften Zustandes des Opfers ~~M~~. ~~Lediglich~~ D~~d~~urch das ~~kurze~~ Festhalten ist ~~noch~~ kein krankhafter ~~pathologischer~~ Zustand eingetreten. Somit hat A die Gesundheit des M nicht geschädigt.

II. Ergebnis: ~~Eine Strafbarkeit gem. § 223 I kommt nicht in Betracht.~~ A hat sich nicht wegen einer Körperverletzung gem. § 223 I StGB strafbar gemacht, indem er M um das Handgelenk griff.

2. Handlungskomplex: ~~Der Tritt gegen das Schienbein~~
~~B.~~ M könnte sich gem. § 223 I StGB strafbar gemacht haben, indem er A vor das Schienbein trat.
1. Dann müsste M den A körperlich misshandelt oder an der Gesundheit geschädigt haben.
Der Tritt des M ist so heftig, dass A den M aufgrund des argen Schmerzes loslassen muss. Dies stellt eine üble, unangemessene Behandlung dar, durch die das körperliche Wohlbefinden des A nicht nur unerheblich beeinträchtigt wurde. Somit hat M den A körperlich misshandelt.
M könnte A auch an der Gesundheit geschädigt haben, wenn er einen auch nur vorübergehenden pathologischen Zustand hervorgerufen oder gesteigert hat.
Durch den Tritt hat M ~~ist~~ einen pathologischen ~~kranker~~ Zustand, die starken Schmerzen, bei A ~~eingetreten~~ hervorgerufen. Somit hat M die Gesundheit des A geschädigt.

2. subjektiver Tatbestand
M trat A wissentlich und willentlich. Daher handelte er vorsätzlich.

3. Rechtswidrigkeit
M handelte rechtswidrig.

4. Schuld
~~Die Schuld ist erfüllt~~. M handelte schuldhaft.

5. Ergebnis
~~M hat sich gem. § 223 I StGB strafbar gemacht.~~
M hat sich gem. § 223 I StGB strafbar gemacht, indem er A vor das Schienbein trat.

Kapitel 10: Meinungsstreit

Aufgabe 1

ein Glied des Körpers

Aufgabe 2

1. Die Niere des O ist möglicherweise ein Glied im Sinne von § 226 I Nr. 2 StGB.
2. Subsumtion: Die Niere ist nicht durch ein Gelenk mit einem anderen Körperteil verbunden.
3. Nach einer anderen Ansicht sind auch sonstige äußere Körperteile Körperglieder.
Die Niere ist ein inneres Organ.
Auch hiernach wäre die Niere kein Körperglied.
4. Nach einer weiteren Ansicht liegt ein Körperglied bei einer in sich abgeschlossenen Existenz mit besonderer Funktion im Gesamtorganismus vor.
Die Niere ist in sich abgeschlossen und hat im Gesamtorganismus die besondere Funktion der Stoffwechselregulierung.
Danach wäre die Niere ein Körperglied.
5. Die Ansichten gelangen zu unterschiedlichen Ergebnissen, so dass eine Stellungnahme erforderlich ist.

Kapitel 11: Auslegung

Aufgabe 1

a) Der Bürge soll vor voreiligen Vertragsabschlüssen geschützt werden, indem der Prozess des Vertragsabschlusses verlangsamt wird. Damit werden dem Bürgen die Pflichten bewusst gemacht. Außerdem lässt sich später besser beweisen, wer wem wieviel schuldet.
b) Das Widerrufsrecht schützt den Verbraucher vor den wirtschaftlichen Folgen seiner Entscheidung.
c) Der Sinn und Zweck der abstrakten Normenkontrolle besteht darin, verfassungswidrige Normen zu finden und aufzuheben.

Aufgabe 2

… dass jeder das Recht hat, sich aus allgemein zugänglichen Quellen ungehindert zu unterrichten. Wenn eine Satellitenschüssel die beste Möglichkeit ist, sich zu informieren, dann überwiegt die Meinungsfreiheit. Daher muss § 535 I BGB verfassungskonform ausgelegt werden. M hat somit das Recht, eine Satellitenschüssel anzubringen.

Aufgabe 3

a) Regelungszusammenhang (systematische Auslegung)
b) Wortlaut (grammatische Auslegung)
c) Formulierung (grammatische Auslegung)
d) Anwendungsbereich (systematische Auslegung)
e) historische (historische Auslegung)
f) alltäglichen (grammatische Auslegung)
g) Gesetzgebungsverfahren (historische Auslegung)
h) Sinn und Zweck (teleologische Auslegung)

Aufgabe 4

Sinn und Zweck des Schrifterfordernis gem. § 766 BGB ist es, den Bürgen vor den Risiken des Geschäftes zu warnen. Außerdem soll es beweiskräftig klarstellen, mit welchem Inhalt die Bürgschaft zustande gekommen ist. Eine Blanko-Bürgschaft kann weder warnen noch klarstellen. Somit genügt sie dem Schrifterfordernis nicht.

Aufgabe 5

1. Der wirkliche Wille des K bezog sich auf drei Flaschen Wein.

2. Ein objektiver Empfänger hätte die Erklärung des K so verstanden, dass sie acht Flaschen Wein enthält.

3. (a) den Erklärenden (b) den Empfänger/den Rechtsverkehr (c) acht

Aufgabe 6

Öffentliches Recht
a) Sinn und Zweck
b) systematische Auslegung
c) verfassungskonforme Auslegung

Strafrecht
a) Sinn und Zweck
b) Wortlaut
c) Sinn und Zweck

Kapitel 12: Juristisches Argumentieren

Aufgabe 1

a) verschwiegen
b) mit einer Analogie
c) (1) arglistigen Verkäufern
   (2) erst recht

Aufgabe 2

		Vom Mehr auf das Weniger	Vom Weniger auf das Mehr
a)	Ist eine betrügerische Vermögensschädigung um 50 000 € nach einem Gerichtsurteil ein besonders schwerer Betrug, gilt dies erst recht für 100 000 €.		×
b)	Wenn eine vierwöchige Kündigungsfrist für die Kündigung gegenüber einem Arbeitnehmer zulässig ist, ist eine Kündigung mit dreimonatiger Kündigungsfrist erst recht zulässig.		×
c)	Ein zwei Tonnen Abschleppseil zieht erst recht eine Tonne.	×	
d)	Wer ein Arbeitsverhältnis nach § 626 BGB aus wichtigem Grund fristlos kündigen kann, der darf erst recht fristgemäß kündigen.	×	
e)	Wenn § 904 S. 2 BGB Ersatzansprüche für das Eigentum gewährt, dann gilt dies erst recht für Schädigungen des Körpers oder der Gesundheit eines Dritten.		×
f)	Wenn bei Vertragsverstößen im Arbeitsverhältnis die Streichung von Weihnachtsgeld vorgesehen ist, kann dieses erst recht gekürzt werden.	×	

Aufgabe 3

im Umkehrschluss

Aufgabe 4

im Umkehrschluss

Aufgabe 5

erst recht

Aufgabe 6

a) analog
b) Erst-Recht-
c) erst recht

Aufgabe 7

erst recht

Aufgabe 8

im Umkehrschluss, analog

Aufgabe 9

im Umkehrschluss

Aufgabe 10

erst recht

Aufgabe 11

absurdes

Aufgabe 12

a) Analogieschluss, Erst-Recht-Schluss
b) einem Umkehrschluss
c) einem Analogieschluss
d) einer teleologischen Reduktion

Kapitel 13: Stellungnahme

Aufgabe 1

Normaler Obersatz	×
Definitionsvorschlag Ansicht I	O
Subsumtion	×
Ergebnis	×
Definitionsvorschlag Ansicht II	O
Subsumtion	×
Ergebnis	×
Stellungnahme erforderlich?	×
Stellungnahme	O
Ergebnis Favoritenansicht	×

Aufgabe 2

a) Systematik
b) Wortlaut
c) Geschichte
d) Sinn und Zweck
e) Wortlaut
f) Geschichte
g) Sinn und Zweck
h) Geschichte
i) Wortlaut

Aufgabe 3

(1) Nach dieser Ansicht wäre das Reiten im Wald nicht von der freien Entfaltung der Persönlichkeit erfasst.
(2) Reiten ist menschliches Verhalten. [Diese Subsumtion kann weggelassen werden.]
(3) Hiernach wäre Reiten im Wald erfasst.

Aufgabe 4

a) Der Verfassungsgeber wollte dem Grundrecht ursprünglich den Wortlaut geben „Jeder kann tun und lassen, was er will […]", wählte aber die sprachlich elegantere Formulierung des Art. 2 I GG. Inhaltlich wollte er aber nichts anderes aussagen.
Somit spricht die Entstehungsgeschichte für die zweite Ansicht.
b) Der Sinn und Zweck des Art. 2 I GG besteht darin, den Bürger so weit wie möglich unter grundrechtlichen Schutz zu stellen, so dass jedes menschliches Verhalten erfasst sein muss.

Kapitel 14: Umgang mit dem Sachverhalt

a) Abschicken der Mail durch die Babysitterin

b) Abgabe der Annahme

c)

Prüfungsschema Vertrag (Auszug)	Prüfen
A. Anspruch entstanden	×
I. Zustandekommen des Vertrags	×
1. Angebot	×
a) Tatbestand einer Willenserklärung	×
b) Wirksamwerden der Willenserklärung durch Abgabe und Zugang (§ 130 I 1 BGB)	–
c) Kein Erlöschen des Angebots gem. §§ 145 a. E., 146 ff., 153 a. E.	–
d) Kein vorheriger oder gleichzeitiger Zugang eines Widerrufs (§ 130 I 2 BGB) (-)	–
2. Annahme	×
a) Tatbestand einer Willenserklärung	×
b) Wirksamwerden der Willenserklärung durch Abgabe und Zugang (NB: § 151 BGB)	×
II. Wirksamkeit des Vertrags	–
1. Geschäftsunfähigkeit, § 105 BGB, beschränkte Geschäftsfähigkeit, §§ 106 ff. BGB	–
2. Formnichtigkeit, § 125 BGB	–
3. Gesetzes-/Sittenwidrigkeit, §§ 134, 138 BGB	–
4. AGB-Verstoß, §§ 305 ff. BGB	–
5. Anfechtung, § 142 I BGB	–
B. Anspruch untergegangen	–
I. Erfüllung, §§ 362 ff. BGB	–
II. Aufrechnung, § 389 BGB	–
III. Rücktritt, § 346 BGB	–
IV. Unmöglichkeit, § 275 BGB	–
C. Anspruch durchsetzbar	–
I. Verjährung, §§ 194 ff., 222 BGB	–
II. Zurückbehaltungsrechte, §§ 273, 320 BGB	–

Kapitel 15: Strafrechtliche Gutachten

Aufgabe 1

A könnte sich wegen Betrugs gem. § 263 I StGB strafbar gemacht haben, indem er behauptete, der Mercedes sei ohne Mängel.

Aufgabe 2

a) A könnte sich wegen Betrugs gem. § 263 I StGB strafbar gemacht haben, dadurch dass er behauptete, der Mercedes sei ohne Mängel.

b) A könnte sich wegen Betrugs gem. § 263 I StGB durch die Behauptung, der Mercedes sei ohne Mängel, strafbar gemacht haben.

Aufgabe 3

Schritt 1:

Täter	T
Opfer	O
Handlung	Pistolenschuss in die Brust
Erfolg	O stirbt
Norm	§ 212 I Totschlag

Schritt 2: Fraglich ist, ob T sich gem. § 212 I StGB wegen Totschlags strafbar gemacht hat, indem er O durch einen Pistolenschuss in die Brust erschoss.

Aufgabe 4

a) A könnte sich ~~der~~ wegen einer Körperverletzung gem. § 223 I StGB strafbar gemacht haben, indem er ~~den~~ B ins Gesicht schlug.

b) A könnte sich ~~wegen~~ einer Körperverletzung gem. § 223 I StGB schuldig gemacht haben, indem er B ins Gesicht schlug.

Aufgabe 5

1. Handlungskomplex: Sohn S tritt nach dem Tode des Vaters V die Alleinerbschaft an. Zur Erbmasse gehört eine Sammlung Partituren, die S verkaufen möchte. Als S von seinem Anwalt erfährt, dass sein Vater diese Sammlung dem Musikstudenten M vermacht hat, beschließt er, alle Partituren zu verbrennen. Dabei entgeht ihm, dass manche Partituren aus der öffentlichen Bibliothek stammen.

2. Handlungskomplex: Eine Woche später erfährt M von der Verbrennung. Wütend schlägt M dem S ins Gesicht. Als M erneut ausholt, schlägt S ihn schmerzhaft in den Magen.

Wie haben S und M sich strafbar gemacht?

1. Handlungskomplex: zum Beispiel: Nach dem Anwaltsbesuch
2. Handlungskomplex: zum Beispiel: Die Auseinandersetzung

Aufgabe 6

a) § 303 I StGB bzgl. der Partituren des M
b) § 303 I StGB bzgl. der Partituren der Bibliothek
c) § 304 I StGB bzgl. der Partituren der Bibliothek

Aufgabe 7

K

Kapitel 16: Zivilrechtliche Gutachten

Aufgabe 1

a) Anspruchsgegner
b) Anspruchsteller, Anspruchsgegner
c) genaues Anspruchsziel, genaue Anspruchsgrundlage
d) genauerer Anspruchsinhalt (Übereignung des Autos), genauere Grundlage (aus einem Kaufvertrag gem. § 433 I)

Aufgabe 2

Schritt 1:

Anspruchssteller	V
Anspruchsinhalt	Kaufpreiszahlung i. H. v. 1000 €
Anspruchsgegner	K
Anspruchsgrundlage	Kaufvertrag gem. § 433 I BGB

Schritt 2:
V könnte einen Anspruch gegen K auf Zahlung in Höhe von 1000 € gem. § 433 II BGB aus einem Kaufvertrag haben.
Möglicherweise hat V gegen K einen Anspruch auf Zahlung in Höhe von 1000 € gem. § 433 II BGB aus einem Kaufvertrag.

Aufgabe 3

b) § 433 II BGB
Tatbestand: Kaufvertrag
Rechtsfolge: Kaufpreiszahlung, Abnahme der Kaufsache
c) § 535 I BGB
Tatbestand: Mietvertrag
Rechtsfolge:

- den Gebrauch der Mietsache während der Mietzeit gewähren
- in einem zum vertragsgemäßen Gebrauch geeigneten Zustand überlassen
- in diesem Zustand erhalten
- die auf der Mietsache ruhenden Lasten tragen

d) § 535 BGB II
Tatbestand: Mietvertrag
Rechtsfolge: Entrichtung der Miete
e) § 631 BGB
Tatbestand: Werkvertrag
Rechtsfolge: für den Unternehmer Herstellung oder Veränderung einer Sache, anderer Erfolg;
für den Besteller Entrichtung der Vergütung
f) § 280 I BGB
Tatbestand: Schuldverhältnis, Pflichtverletzen, Vertretenmüssen
Rechtsfolge: Schuldner muss Schadensersatz zahlen

Aufgabe 4

a) § 433 I BGB
Durch den Kaufvertrag wird der Verkäufer einer Sache verpflichtet, dem Käufer die Sache zu übergeben und das Eigentum an der Sache zu verschaffen. Der Verkäufer hat dem Käufer die Sache frei von Sach- und Rechtsmängeln zu verschaffen.
b) § 433 II BGB
Der Käufer ist verpflichtet, dem Verkäufer den vereinbarten Kaufpreis zu zahlen und die gekaufte Sache abzunehmen.
c) § 535 I BGB
Durch den Mietvertrag wird der Vermieter verpflichtet, dem Mieter den Gebrauch der Mietsache während der Mietzeit zu gewähren. Der Vermieter hat die Mietsache dem Mieter in einem zum vertragsgemäßen Gebrauch geeigneten Zustand zu überlassen und sie während der Mietzeit in diesem Zustand zu erhalten. Er hat die auf der Mietsache ruhenden Lasten zu tragen.
d) § 535 II BGB
Der Mieter ist verpflichtet, dem Vermieter die vereinbarte Miete zu entrichten.
e) § 631 BGB
(1) Durch den Werkvertrag wird der Unternehmer zur Herstellung des versprochenen Werkes, der Besteller zur Entrichtung der vereinbarten Vergütung verpflichtet.
(2) Gegenstand des Werkvertrags kann sowohl die Herstellung oder Veränderung einer Sache als auch ein anderer durch Arbeit oder Dienstleistung herbeizuführender Erfolg sein
f) § 280 I BGB
Verletzt der Schuldner eine Pflicht aus dem Schuldverhältnis, so kann der Gläubiger Ersatz des hierdurch entstehenden Schadens verlangen. Dies gilt nicht, wenn der Schuldner die Pflichtverletzung nicht zu vertreten hat.

Aufgabe 5

a)	§ 535 II BGB/Mietvertrag
b)	§ 631 I BGB/Werkvertrag
c)	§ 433 II BGB/Kaufvertrag
d)	§ 433 I BGB/Kaufvertrag
e)	§ 280 I BGB
f)	§ 535 I BGB/Mietvertrag
g)	§ 433 I BGB/Kaufvertrag

Aufgabe 6

I. K könnte gegen V einen Anspruch auf Übergabe und Übereignung eines neuen Exemplars der Vase gem. § 433 I BGB aus einem Kaufvertrag haben.
1. Zwischen K und V besteht ein Kaufvertrag.
2. Somit ist der Anspruch auf Lieferung einer neuen Vase entstanden.
II. Anspruch untergegangen
1. V hat noch nicht geliefert, somit ist der Anspruch nicht durch Erfüllung gem. § 362 I BGB untergegangen.
2. Der Anspruch könnte durch Unmöglichkeit gem. § 275 I BGB untergegangen sein.

Aufgabe 7

a) Schwerpunkt: Zugang der Annahme/des Einschreibens

b) Schwerpunkt: Zugang des Einschreibens

Satz 1:	Zeitungsinserat	=	Angebot	(–)
Satz 2:	Erklärung des K, er nehme den Füller	=	Angebot	(+)
Satz 3:	Erklärung des V, es sei zu wenig	=	Annahme	(–)
Satz 4:	Erklärung des K, er wolle drei Wochen warten	=	neues Angebot	(+)
Satz 5:	Einschreiben des V	=	Annahme	(+)

Kapitel 17: Öffentlich-rechtliche Gutachten

Aufgabe 1

Die Verfassungsbeschwerde des A hat ~~hätte Aussicht auf~~ Erfolg, soweit sie zulässig und begründet ist ~~wäre~~.
~~Ein~~ Der Antrag auf abstrakte Normenkontrolle hat ~~könnte~~ Erfolg ~~haben~~, soweit er zulässig und begründet ist.

Aufgabe 2

formell verfassungswidrig.	begründet.
materiell verfassungswidrig.	begründet.
formell verfassungsmäßig.	noch nicht entschieden. → materielle Verfassungsmäßigkeit prüfen
materiell verfassungsmäßig.	unbegründet.

Aufgabe 3

Obersatz: Die Grundmandatsklausel gem. § 6 III 1 2. Alt BWahlG müsste angemessen sein. Definition: Das ist der Fall, wenn ihre Vorteile gegenüber den Nachteilen wesentlich überwiegen.

Aufgabe 4

a) Der Antrag der Landesregierung B ist begründet, soweit § 6 III 1 2. Alt BWahlG ~~er~~ formell oder materiell ~~rechtmäßig~~ verfassungswidrig ist.
b) Der Antrag der Landesregierung B ist begründet, soweit die Grundmandatsklausel formell oder ~~und~~ materiell verfassungswidrig~~mäßig~~ ist.
c) Der Antrag der Landesregierung B ist begründet, soweit die Grundmandatsklausel formell ~~und~~ oder materiell verfassungswidrig ist.

Aufgabe 5

Reihenfolge	Argument	Pro oder Contra?
	Funktionsfähigkeit des Bundestages kann beeinträchtigt werden.	C
	Das personale Element des Wahlrechts wird gestärkt.	P
	Grundmandat- und Sperrklausel widersprechen sich: Einzug von Splitterparteien verhindern vs. Einzug von Splitterparteien ermöglichen.	C
	Eröffnet einen weiteren Weg in den Bundestag → schwächt die Intensität der Fünfprozentklausel.	P
	Durch die Zweitstimmen kommen Abgeordnete in den Bundestag ohne persönlichen Bezug zum Wahlkreis.	C
	Lokal bedeutsame Parteien sollten besser gestellt werden.	P
	Direktmandate stärken ausreichend das personale Element des Wahlrechts.	C

Aufgabe 6

Es wird kein Korrekturvorschlag vorgegeben.

Aufgabe 7

Reines Argument		Fehlende Information
b)	Das personale Element des Wahlrechts wird gestärkt	Die Grundmandatsklausel stärkt die Attraktivität der Erststimme, mit der eine Person aus der Partei gewählt wird.
c)	Grundmandat- und Sperrklausel widersprechen sich: Einzug von Splitterparteien verhindern vs. Einzug von Splitterparteien ermöglichen	Die Sperrklausel verhindert, dass Parteien unter 5 % in den Bundestag einziehen, weil man verhindern möchte, dass Splitterparteien die Funktionsfähigkeit des Bundestages beeinträchtigen, wie zu Zeiten der Weimarer Republik. Dann kann es nicht sein, dass die Grundmandatsklausel Splitterparteien „durch die Hintertür" zulässt. Hier setzt sich der Gesetzgeber in Widerspruch.
d)	Eröffnet einen weiteren Weg in den Bundestag → schwächt die Intensität der Fünfprozentklausel	Die Fünfprozenthürde ist ein Verstoß gegen das Demokratieprinzip, nach dem alle Macht vom Volk ausgeht, denn die Stimmen, die eine Partei mit unter 5 % gewählt haben, zählen nicht. Diese intensive Wirkung schwächt die Grundmandatsklausel ab und schafft damit ein Gleichgewicht.
e)	Durch die Zweitstimmen kommen Abgeordnete in den Bundestag ohne persönlichen Bezug zum Wahlkreis	Die Abgeordneten, die durch die Zweitstimme in den Bundestag kommen, stehen auf den Landeslisten und haben keinen persönlichen Bezug zum Wahlkreis.
f)	Lokal bedeutsame Parteien sollten besser gestellt werden	Deutschland ist ein föderalistischer Staat und kein zentralistischer. Diesem Umstand trägt die Besserstellung lokal erfolgreicher Parteien Rechnung. Auch kann auf diese Weise im Einzelfall auf das Wissen lokal erfolgreicher Parteien zurückgegriffen werden.
g)	Direktmandate stärken ausreichend das personale Element des Wahlrechts.	Eine Person wird in Deutschland über die Erststimme gewählt. Die Erststimme stärkt somit bereits das besondere Element des Wahlrechts. Die Grundmandatsklausel ist überflüssig.

Aufgabe 8

Formulierungsvorschlag:
Durch den Einzug kleiner Parteien kann, wie zu Zeiten der Weimarer Republik, die Funktionsfähigkeit des Bundestages beeinträchtigt werden, wenn viele unterschiedliche Partei-

en sich einigen müssen. Dies spricht gegen die Grundmandatsklausel. Zwar verhindert die Sperrklausel, dass Parteien unter 5 % der Zweitstimmen in den Bundestag einziehen, dann kann es aber nicht sein, dass die Grundmandatsklausel kleine Parteien „durch die Hintertür" zulässt. Hier setzt sich der Gesetzgeber in Widerspruch.

Andererseits verstößt die Sperrklausel gegen das Demokratieprinzip, nach dem alle Macht vom Volk ausgeht, denn die Stimmen für eine Partei mit unter 5 % der Zweitstimmen zählen nicht. Somit schwächt die Grundmandatsklausel die Intensität der Fünfprozenthürde und stellt damit ein Gleichgewicht her.

Deutschland ist ein föderalistischer Staat. Diesem Umstand trägt die Besserstellung lokal erfolgreicher Parteien Rechnung. Auf diese Weise kann im Einzelfall auf das Wissen lokal erfolgreicher Parteien zurückgegriffen werden, was ein weiteres Argument für die Grundmandatsklausel ist.

Die Grundmandatsklausel stärkt die Attraktivität der Erststimme, mit der eine Person gewählt wird. Gerade für kleine Parteien ist es interessant, ein starkes Personal zu haben, da drei Direktmandate den Einzug in den Bundestag bedeuten. Somit manifestiert sich das personale Element des deutschen Wahlrechts durch die Erststimme und die Grundmandatsklausel.

Allerdings kann eine Folge der Grundmandatsklausel sein, dass Abgeordnete, die keinen persönlichen Bezug zum Wahlkreis haben, in den Bundestag einziehen, lediglich weil sie auf der Landesliste stehen. Somit erfüllt die Grundmandatsklausel ihren Zweck nicht, das personale Element zu stärken.

Literatur

Diederichsen, Uwe / Wagner, Gerhard: Die BGB-Klausur, 9. Aufl., 1997, C.H. Beck Verlag.

Hildebrand, Tina: Wissenstraining Jura, Tübingen 2017.

Körber, Torsten: Zivilrechtliche Fallbearbeitung in Klausur und Praxis. In: JuS 2008, 289–296.

Lagodny, Otto / Mansdörfer, Marco / Putzke, Holm: Im Zweifel: Darstellung im Behauptungsstil. Thesen wider den überflüssigen Gebrauch des Gutachtenstils, ZJS 2014, 157–164.

Rotsch, Thomas: Strafrechtliche Klausurenlehre, München 2013.

Savigny, Friedrich Carl von: System des heutigen Römischen Rechts. Bd. 1. Berlin 1840.

Schimmel, Roland: Juristische Klausuren und Hausarbeiten richtig formulieren, 11. Auflage, München 2013.

Wieduwilt, Hendrick: Die Sprache des Gutachtens, JuS 2010, 288–291.

Valerius, Brian: Einführung in den Gutachtenstil, 3. Auflage, Berlin u.a. 2009.